Alberto Alesina ocupa la cátedra Nathaniel Ropes de economía política en Harvard University.

Francesco Giavazzi es catedrático de economía de la Universidad Bocconi y profesor visitante del MIT.

T0294769

El futuro de Europa

Reforma o declive

El futuro de Europa

Reforma o declive

Alberto Alesina

Harvard University

Francesco Giavazzi

Universidad Bocconi

Traducción de Mª Esther Rabasco

Publicado por Antoni Bosch, editor S.A.
Palafolls, 28 – 08017 Barcelona – España
Tel. (+34) 93 206 07 30
info@antonibosch.com
www.antonibosch.com

Título original de la obra
The Future of Europe. Reform or Decline.

© 2006 by the Massachusetts Institute of Technology (MIT)
© 2009 de la edición en castellano: Antoni Bosch, editor, S.A.

ISBN: 978-84-95348-38-8
Depósito legal: B-39377-2009

Diseño de la cubierta: Compañía
Fotocomposición: JesMart
Impresión: Liberdúplex

Impreso en España
Printed in Spain

No se permite la reproducción total o parcial de este libro, ni su incorporación a un sistema informático, ni su transmisión en cualquier forma o por cualquier medio, sea éste electrónico, mecánico, reprográfico, gramofónico u otro, sin el permiso previo y por escrito de los titulares del *copyright*.

A Rudi Dornbusch

Contenido

PRÓLOGO

La premisa común en el discurso europeo típico es que la reciente crisis ha demostrado que los argumentos que exponemos en este libro son erróneos. En lugar de ser Europa la que mira a Estados Unidos en busca de inspiración, es el mundo anglosajón el que debería empezar a aprender del modelo europeo de «Soziale Marktwirtschaft». El lector decidirá por sí mismo después de leer los capítulos de este libro. Nosotros creemos que todos los argumentos que hemos expuesto en el libro siguen siendo válidos. Algunos tienen, si cabe, aún más peso desde que escribimos el libro, hace ya casi cinco años. Entre ellos se encuentra la constatación de que los europeos se han negado durante demasiado tiempo a aceptar que sus sociedades estaban a punto de enfrentarse a un problema racial tan grave como el de Estados Unidos, pero sin la debida preparación. O la sugerencia que hacemos en la segunda parte del libro de que los europeos se engañan cuando piensan que la respuesta al declive europeo es la Unión Europea: en la reciente crisis, las instituciones europeas –con la importante excepción del Banco Central Europeo– han estado «desaparecidas». Hasta la crisis, Bruselas estuvo dedicada a regular hasta los más mínimos aspectos de las sociedades europeas, negándose a admitir que la diversidad es uno de los principales activos de Europa. Cuando llegó la crisis, se descubrió que el emperador estaba desnudo: como consecuencia de su incapacidad para diseñar una estrategia común con la que acudir al rescate de los bancos transnacionales, cada Estado ha rescatado la parte que le correspondía de estos bancos, convirtiéndolos nuevamente en instituciones nacionales. ¡Adiós mercado bancario único! *«Cuando las cosas se ponen difíciles, los duros responden»*, canta Michael Douglas en *La joya del Nilo*; bueno, no es ese exactamente el papel que ha jugado Bruselas en esta crisis.

En una conferencia celebrada recientemente en Berlín, los políticos europeos analizaron las consecuencias de la decisión del presidente Obama de colaborar con Vladimir Putin sobre las grandes cuestiones mundiales, en particular el control del armamento y el desarme nuclear. A Europa le correspondía, en este acuerdo, liderar en las cuestiones relacionadas con los países vecinos: Ucrania, Georgia, Moldavia y demás. Tal vez piense el lector que los europeos celebraron la oportunidad de modelar las líneas políticas en su patio trasero. En absoluto. Como ha señalado Philip Stephens del *Financial Times*, «peor que los americanos le digan a uno lo que tiene que hacer es que no le digan lo que hay que hacer. Resulta que

Europa no tiene una política coherente con respecto a Rusia sino todo lo contrario; está profundamente dividida. Habiendo conseguido con Obama el presidente que quería, ahora al continente le asusta la idea de tomar decisiones».

En un interesante libro, *The Geopolitics of Emotion: How Cultures of Fear, Humiliation, and Hope are Reshaping the World* (Doubleday, 2009), Dominique Moisi, estudioso francés, analiza los costes de la «cultura del miedo» que atenaza actualmente a una gran parte de Europa: «Tratando de salvaguardar lo que tiene, el continente se arriesga a hipotecar su futuro».

Tal vez el lector diga, todo eso está muy bien, pero esta crisis ha demostrado que el principio fundamental según el cual las fuerzas del mercado generalmente funcionan bien –una de las premisas de su libro– es erróneo. No tan deprisa. Lo que ha ocurrido ha sido una combinación de errores: los cometidos por Greenspan en la gestión de la política monetaria; la ignorancia de las complejidades de los mercados financieros por parte de los reguladores y sí, también de los economistas, que tienen su módico de culpa; los fallos de las agencias de calificación, que son imperdonables. Pero la razón por la que la crisis financiera no se ha convertido en una Gran Depresión, como en 1929, es precisamente porque en esta ocasión no hemos cometido el mismo error que en 1929 cuando se abandonaron los principios básicos de la economía del *laissez faire*. No hemos retornado al proteccionismo, y los grandes mercados y el comercio han continuado abiertos. A diferencia de 1929, no hemos corrido a regular el mecanismo de precios y salarios fijando unos y otros. A diferencia de 1929, hemos permitido que los déficit presupuestarios aumentaran más de lo que lo permitió Hoover y no hemos subido los impuestos. No nos hemos dado cabezazos contra la pared de los mercados financieros para regularlos excesivamente en un ataque de pánico, si bien algunos líderes europeos habrían hecho exactamente eso. No es éste el lugar para examinar las razones, la dinámica y la solución de la crisis, pero la interpretación de la crisis según la cual el modelo americano ha fracasado y el de Europa continental ha ganado es errónea. Para empezar, en lo que se refiere a la pérdida de PIB y al paro, en el momento de escribir estas líneas los países europeos no están perdiendo menos que Estados Unidos, a pesar de la gravedad de la crisis financiera que afecta a ese país. Pero lo que es más importante, creemos que si Europa no resuelve algunos de los problemas que destacamos en este libro, perderá una oportunidad única para emprender reformas indispensables. Una crisis es siempre un momento malo: pero dejar pasar la oportunidad que ofrece una crisis para emprender reformas es sufrir inútilmente.

Alberto Alesina y Francesco Giavazzi
Milán, julio de 2009

Introducción

Según los resultados de una encuesta realizada recientemente en la Unión Europea, Estados Unidos es el mayor enemigo de la paz mundial, después de Israel y de Corea del Norte, por ese orden. En Estados Unidos, ha estado muy extendido el sentimiento antifrancés. Las relaciones transatlánticas pocas veces han alcanzado un momento tan bajo desde la Segunda Guerra Mundial.

Sería superficial atribuir esta animosidad a la aversión europea al presidente actual de Estados Unidos, George W. Bush, o a la irritación de Estados Unidos por la oposición de Francia y Alemania a la guerra de Irak. Lo cierto es que los estadounidenses y los europeos son diferentes, piensan de forma diferente y son cada vez más diferentes.

Los europeos trabajan menos, se toman más vacaciones y se jubilan antes. Los estadounidenses prefieren trabajar muchas horas. En agosto, París es una ciudad fantasma, si no fuera por los turistas, y Milán es una ciudad fantasma, sin más; en agosto, Nueva York no parece muy diferente a como es cualquier otro mes, si no fuera porque hay más turistas europeos. Los europeos piensan que la seguridad y la estabilidad del empleo son un derecho fundamental y un pasaporte a la felicidad; los estadounidenses están dispuestos a soportar los altibajos, las quiebras y los periodos de paro como parte necesaria de toda economía de mercado; los europeos tienden a conservar el mismo trabajo durante casi toda su vida, los estadounidenses cambian de empleo frecuentemente. Los europeos consideran inaceptable cualquier recorte del Estado de bienestar. Los estadounidenses consideran que las subidas de los impuestos son un mal que debe evitarse a toda costa. Los europeos piensan que la desigualdad es un grave problema. En Estados Unidos, la desigualdad está aumentando, pero los estadounidenses parecen estar dispuestos a convivir con ella. Los europeos creen que casi nunca (es decir, «nunca») debería hacerse uso de la fuerza en las relaciones internacionales. Los estadounidenses creen en el uso relativamente frecuente de la fuerza. Europa está parcialmente cerrada a los inmigrantes. Estados Unidos es un país de inmigrantes. Los europeos creen que la sociedad decide en gran parte la suerte de cada persona; los estadounidenses piensan que los individuos son responsables de su propio destino. Los estadounidenses creen que la competencia es fundamental para el éxito económico y la defienden. Los europeos subrayan los beneficios de la *Soziale Marktwirtschaft* (economía social de mercado), modelo inventado por Alemania, que significa poner freno a las fuerzas del mercado por medio de la intervención del Estado.

Estas diferencias están cada vez más arraigadas, no menos. En el debate que se abrió en Francia antes de que se celebrara la votación sobre la constitución europea, los dos bandos prometieron que impedirían que el país adoptara un sistema social que se pareciera al despreciado «ultraliberalismo» anglosajón. El capitalismo de tipo estadounidense era el enemigo universal; en lo que discrepaban era en decidir la mejor forma de combatirlo y de diferenciarse de él. En Europa, cualquier debate sobre reforma económica va precedido de la puntualización de la superioridad del modelo europeo sobre el estadounidense. En la campaña electoral alemana de 2005, la candidata conservadora, Angela Merkel, prometió llevar a cabo profundos cambios, pero se comprometió a no tocar las características básicas del modelo social alemán. Lo único que tuvo que hacer su adversario para evitar la derrota fue asustar a los votantes alemanes hablándoles de los riesgos del liberalismo de mercado. De esa forma, logró un espectacular vuelco electoral en el último minuto. Los estadounidenses, por el contrario, no dan muestra alguna de querer modificar su sistema de protección social para que se parezca más al europeo.

En este libro, analizamos los problemas a los que se enfrenta Europa empleando el recurso retórico de comparar Europa y Estados Unidos desde diferentes puntos de vista. Pero este libro no es académico, por lo que no nos da ningún miedo tomar partido en las cuestiones que analizamos.

Nosotros somos muy críticos con muchos aspectos del modelo europeo. Pero seamos claros. No decimos que los países europeos deban simplemente imitar a Estados Unidos y adoptar su misma política. Estados Unidos dista de ser perfecto; tiene, por el contrario, problemas muy graves. Por ejemplo, su sistema sanitario es enormemente caro y muchos estadounidenses no reciben suficiente atención médica. Las zonas urbanas deprimidas son una vergüenza y la correlación entre la pobreza y la raza es alarmante. Estados Unidos tiene mucho que aprender de Europa. Algunos aspectos del Estado de bienestar europeo pueden garantizar la solidaridad social y con un coste relativamente bajo en eficiencia cuando están bien diseñados.

¿Estamos diciendo entonces que existe una «tercera vía» entre el modelo estadounidense y el modelo europeo? No, o al menos no de la forma en que ésta se entiende normalmente. Quienes sostienen que existe una tercera vía –y hablan de reformas europeas, pero en la frase siguiente recalcan que Europa debe ser diferente del «libre mercado estadounidense»– son simplemente pensadores carentes de ideas claras; el ejemplo clásico es el concepto alemán de economía social de mercado. Una economía de mercado es una economía de mercado: las matizaciones son engañosas. Pero, evitando una defensa rotunda y algo superficial de uno u otro modelo, nuestra opinión es que Europa debería introducir grandes reformas que hicieran que sus mercados y sus instituciones (como las universidades y los bancos) se parecieran a los de Estados Unidos mucho más de lo que se parecen hoy; naturalmente, estas reformas no requieren, por ejemplo, la adopción de todos los aspectos del sistema estadounidense de protección social. La lección más importante que puede dar Estados Unidos a Europa es su convencimiento de que la gente responde a incentivos y de que los mercados funcionan la mayoría de las veces o, cuanto menos, funcionan mejor que cualquier otro mecanismo.

Si no se introducen reformas serias, profundas y globales, Europa entrará inevitablemente en declive, tanto desde el punto de vista económico como desde el punto de vista político. Si no se realizan cambios profundos, dentro de veinte o de treinta años Europa tendrá mucho menos peso que hoy en la economía mundial y, lo que quizá sea más importante, verá muy recortada su influencia política. Los europeos parecen suponer que nunca perderán su antiguo esplendor y su prosperidad actual. Están en un error. Existen realmente muchas posibilidades de que Europa experimente un fuerte declive.

Piénsese en Gran Bretaña. Hicieron falta veinte años de declive económico y político para que el pueblo británico se diera cuenta de que su país estaba a punto de desaparecer de la escena económica y política mundial. En 1960, el PIB per cápita de Gran Bretaña representaba un 78 por ciento del PIB per cápita de Estados Unidos. En 1980, la cifra había descendido al 67 por ciento. Al final, el declive de Gran Bretaña se detuvo gracias a las medidas que adoptó Margaret Thatcher: a comienzos de la década de 1990, el cociente entre el PIB per cápita de Gran Bretaña y el de Estados Unidos se había estabilizado en una cifra de alrededor de un 68 por ciento, si bien Gran Bretaña nunca se recuperó, en relación con Estados Unidos, de las pérdidas sufridas en la década de 1970 (los porcentajes citados aquí proceden de las Penn World Tables, compiladas por el Center for International Comparisons de la Universidad de Pensilvania).

Cuando terminó la Segunda Guerra Mundial, el PIB per cápita de Europa representaba menos de la mitad del nivel de Estados Unidos: 42 por ciento. Treinta años después, Europa había recortado esa distancia a la mitad. A finales de la década de 1980, su PIB per cápita representaba un 80 por ciento del nivel de Estados Unidos. Desde entonces, la convergencia se ha detenido. De hecho, en los veinte últimos años Europa ha perdido terreno: actualmente, su PIB per cápita representa alrededor de un 70 por ciento del estadounidense, posición que había logrado a finales de los años setenta. Nos recuerda a la Gran Bretaña de la década de 1970, pero no vislumbramos ninguna nueva señora Thatcher en la escena europea.

La posibilidad de que Europa experimente un declive económico es más evidente si se examina cada uno de los países por separado. En 1970, Italia había alcanzado un nivel de PIB per cápita igual a un 68 por ciento del estadounidense, un gran logro para un país que había partido de un 30 por ciento en 1950. Hacia 1990, la cifra era del 80 por ciento. Hoy en día, ha vuelto al 64 por ciento, que es el nivel en el que se encontraba a mediados de los años sesenta. Durante ese mismo periodo, es decir, desde mediados de los años sesenta hasta hoy, el PIB per cápita de Corea del Sur ha aumentado, en relación con el de Estados Unidos, del 12 al 50 por ciento. Si continúa creciendo, en relación con el de Estados Unidos, a la misma tasa que en los veinticinco últimos años, en 2030 será un país más rico que Estados Unidos. Es improbable que eso ocurra: la tasa coreana de crecimiento es, al menos en parte, el resultado de la convergencia económica. El crecimiento se desacelerará inevitablemente a medida que Corea sea un país más rico. Pero no hay nada que pueda detener automáticamente el declive de Italia en relación con Estados Unidos. Si continúa el declive relativo al ritmo actual, dentro de veinticinco años el PIB per cápita italiano representará un tercio del estadounidense. Italia retornará a la situación en la que se encontraba a principios de los años cincuenta en relación con Estados Unidos. Eso no significa que vaya a ser un país pobre. El nivel de vida de sus ciudadanos (para entonces bastante envejecidos) continuará siendo bueno.

Eso lleva a preguntarse si el declive económico relativo es realmente algo tan malo. En términos absolutos, Europa es rica y no se empobrecerá de la noche a la mañana: entrará en declive en relación con otros países. ¿Debería preocupar eso a los europeos? Concretamente, ¿por qué habría de preocuparle a un francés de clase media que dentro de poco un turista coreano de clase media pueda comprar en París artículos que están fuera del alcance de los propios franceses? Nosotros creemos que a este francés hipotético debería preocuparle dicha situación y que, de ocurrir, acabaría realmente preocupándole. En primer lugar, el poder económico relativo es importante en el área de las relaciones internacionales. En segundo lugar, y lo que quizá sea más importante, multitud de investigaciones económicas y psicológicas muestran que la felicidad de las personas depende no sólo de su propio nivel de renta sino también de su renta en relación con las demás; y depende también del crecimiento de su renta. En tercer lugar, las sociedades que dejan de crecer desarrollan una «cultura del estancamiento», que puede tener multitud de consecuencias sociales negativas, un tema que ha analizado en un libro reciente el economista Benjamin Friedman, profesor de la Universidad de Harvard. Nuestro francés hipotético seguro que disfruta de más vacaciones y puede que critique al laborioso coreano, pero el ocio sólo aumenta hasta cierto punto la felicidad. No debemos olvidar, además, que en Europa no se ha erradicado totalmente la pobreza y que la mejor solución para luchar contra ella es una tasa continua de crecimiento. En una economía que crece lentamente es difícil mantener generosos programas de protección social.

En realidad, un declive relativo puede convertirse en declive absoluto. El caso de Argentina se cierne como una amenaza sobre Europa. A comienzos del siglo pasado, Argentina figuraba entre los países más ricos del mundo; era el doble de rico que Italia y aproximadamente tan rico como Francia. Después el mundo cambió, pero los argentinos continuaron pensando que la exportación de maíz y de carne de vacuno era suficiente para seguir siendo ricos. Durante mucho tiempo, hasta la crisis de 2001, la mayoría de los argentinos no fueron conscientes de –o se negaron a reconocer– la gravedad del problema. Cuando estalló la crisis de golpe, se encontraron con que eran pobres.

¿Son los europeos conscientes de estas desagradables posibilidades? En nuestra opinión, no del todo. Pero ¿podrían tener razón en no preocuparse? La historia indica, desde luego, que hay que tener cautela a la hora de hacer predicciones a largo plazo sobre ganadores y perdedores. A finales de la década de 1970, Japón era el país modelo y muchos pensaban que Estados Unidos estaba condenado al fracaso: al final ocurrió exactamente lo contrario. Durante esa misma década, los expertos hablaban del declive de Estados Unidos y ponían como ejemplo las imágenes de las largas colas de las estaciones de servicio que salían en la televisión, los rehenes estadounidenses de Irán y el «irreversible» declive de la productividad estadounidense. Hoy en día, todo eso parece haber quedado muy lejos, salvo, desgraciadamente, los rehenes, aunque no en Irán. ¿Diremos dentro de veinte años que las predicciones que se hicieron en 2007 sobre las negras perspectivas de Europa también eran falsas? Es posible, pero si no se emprenden reformas globales, es probable que estas sombrías predicciones se hagan realidad.

¿Qué ha ocurrido en Europa? En la década de 1960, Europa parecía un modelo para el mundo. Con un rápido crecimiento y unas sociedades cohesionadas, los europeos se encontraban entre los más felices del mundo. ¿Por qué se desvaneció de repente el milagro?

Hay dos explicaciones posibles. La primera apunta a la política y la otra a la tecnología. Comenzamos por la política. Durante las décadas de 1950 y 1960, los europeos trabajaron arduamente. Muchas ciudades europeas habían sido arrasadas durante la Segunda Guerra Mundial. Las fábricas estaban destrozadas y el capital humano había disminuido como consecuencia de las víctimas de la guerra. No era el momento de pensar en el ocio y el consumo. Los europeos tuvieron que resignarse y comenzar a reconstruir. A finales de los años sesenta, su determinación había tenido éxito. A partir de ahí los europeos pudieron empezar a pensar en la calidad de su vida. Los últimos años de la década de 1960 también fueron un periodo de agitación política. Desde las universidades hasta las fábricas, los europeos exigieron trabajar menos a cambio del mismo salario, normas laborales contra los despidos, enseñanza y asistencia sanitaria gratuitas para todo el mundo y generosas pensiones que pudieran disfrutarse antes. Al final, los gobiernos hicieron lo que pedía la gente. Las economías europeas habían crecido a un rápido ritmo y parecía que había suficientes recursos para satisfacer todas las demandas. Entonces llegó la crisis del petróleo y se recrudeció al mismo tiempo la lucha por el modelo de sociedad, al menos en algunos países como Alemania e Italia. Para impedir que los estudiantes y los trabajadores se sintieran atraídos por la llamada de la extrema izquierda –eran los años de la Baader Meinhof y de las Brigadas Rojas– los gobiernos continuaron satisfaciendo las demandas, incluso después de que hubiera quedado claro que ya no había recursos. En la década de 1970, el Estado de bienestar se financió por medio de la inflación y en la de 1980 acumulando deuda pública. De esos años Europa heredó los grandes sectores públicos y los elevados impuestos necesarios para financiarlos. En 1960, el gasto público total (la media de los 15 países de la UE anteriores a la ampliación) representaba el 29 por ciento del PIB (lo que representa hoy en Estados Unidos); en 1970, el 37 por ciento; en 1980, el 47 por ciento; y en 1990, el 50 por ciento. La subida concomitante de los impuestos redujo el crecimiento. Algunos otros factores, especialmente la crisis del petróleo, también contribuyeron y agravaron las dificultades fiscales.

Si Europa hubiera continuado creciendo como en las décadas de 1950 y 1960, las demandas de protección social de los años setenta podrían haberse satisfecho con menos subidas de los tipos impositivos. Pero en la década de 1970 el motor que hasta entonces había generado crecimiento dejó de funcionar y es ahí donde entra en juego la explicación basada en la tecnología. Como sostienen los economistas Daron Acemoglu, Philippe Aghion y Fabrizio Zilibotti en sus estudios académicos, el crecimiento que experimentó Europa en la década de 1960 –como el que experimentaron más tarde Japón y Corea– fue en gran parte el resultado de la convergencia. Los europeos partieron, después de la Segunda Guerra Mundial, de una posición muy alejada de la frontera tecnológica: Bastó con imitar las mejores tecnologías de Estados Unidos para avanzar rápidamente. Como señalaremos más adelante en este libro, la imitación da muy buen resultado con empresas grandes y consolidadas, un sistema financiero centrado en los bancos, relaciones a largo plazo, una lenta rotación de los directivos, estabilidad de la propiedad de las empresas y un enfoque intervencionista del Estado. La política industrial dio frutos en la década de 1960 en Europa, al igual que más tarde en Corea y Japón. Pero cuando Europa se acercó más a la frontera tecnológica y el factor crucial para el crecimiento ya no fue la imitación sino la innovación, Europa se encontró con que no estaba bien preparada. Las mismas instituciones que habían sido responsables del éxito de los años sesenta se convirtieron en un obstáculo para el crecimiento después de los setenta. En lugar de acelerar la destrucción de las viejas empresas y favorecer la creación de nuevas empresas innovadoras, los europeos continuaron protegiendo a las que ya existían e improvisando una política industrial.

Es difícil que Europa pueda dar un vuelco a esta situación si no cambia profundamente, pero no vemos que existan suficientes energías para emprender las reformas necesarias. Alemania tiene 5 millones de parados, la cifra más alta desde la República de Weimar, pero vemos aquiescencia en lugar de cambio. Italia y Portugal están quedándose rezagados incluso en relación con Alemania: sus exportaciones están disminuyendo y el crecimiento de la productividad se ha detenido casi por completo. En ambos países, el sistema político es incapaz de realizar reformas. Lo que observamos en lugar de reformas son intentos de los de dentro de protegerse de los efectos de la integración económica y de la globalización de los mercados. Francia está avanzando por el camino del proteccionismo, el de la fortaleza francesa, la aldea de Asterix. Los agricultores franceses están fuertemente protegidos de la competencia procedente de los agricultores de los países en vías de desarrollo. En Italia, muchos creen que los aranceles son lo único que puede salvar a su país de la competencia china, especialmente en el sector textil. Estas tendencias proteccionistas son preocupantes.

Debemos advertir al lector de las simplificaciones excesivas. En primer lugar, decimos Europa, pero en realidad nos referimos a la Europa occidental continental. Hay muchos aspectos en los que los europeos tienen, frente al Reino Unido, reacciones similares a las que les suscita Estados Unidos. El veto francés a la nueva constitución europea propuesta fue, en parte, un voto contra los supuestos planes de Tony Blair de introducir en el modelo social europeo reformas de tipo anglosajón. En Europa central y oriental, algunos países están adoptando modelos muy distintos a los de Europa occidental continental y más parecidos al anglo-sajón. Incluso dentro de Europa occidental, hay muchas diferencias. Los países escandinavos, tras sufrir una profunda crisis a principios de los años noventa, han sido capaces de conjugar un Estado de bienestar de gran alcance con la flexibili-dad del mercado y un crecimiento aceptable. Es demasiado pronto para saber si el éxito de sus resultados actuales será duradero. Aclamar a los países nórdicos como ejemplo de la superioridad del modelo económico europeo frente al de Estados Unidos –argumento que se oye con frecuencia en Europa– es como míni-mo prematuro, pero no cabe duda de que algo muy importante está ocurriendo en esos países. Desgraciadamente, los países europeos más grandes –Francia, Alemania, Italia y España– no dan muestras de la voluntad y la capacidad políticas necesarias para adoptar las políticas nórdicas. Además, en Europa meridional fal-tan la cohesión social y el «capital social» que tan extendidos están en los países nórdicos y que contribuyen poderosamente a que funcionen bien sus sistemas.

Curiosamente, aunque los estadounidenses y los europeos piensan de forma distinta, ambos parecen estar contentos con las sociedades en las que viven. En una encuesta reciente se preguntó a la gente qué pensaba sobre su calidad de vida: ocho países europeos se encuentran por encima de Estados Unidos y siete por debajo, sin que se observe ninguna pauta clara: Italia y España ocupan el 8º y el 10º lugar, Estados Unidos el 13º, Francia y Alemania el 25º y el 26º. Eso indu-ce a pensar que los estadounidenses y los europeos tienen más o menos lo que quieren: es improbable que deseen cambiar de lado del Atlántico. Por cierto, ¡incluso en Argentina la mayoría de la gente sostenía que era feliz hasta el mismo día de la crisis!

¿No hay entonces ningún problema? Bueno, sí y no. Es cierto, desde luego, que las políticas europeas reflejan en conjunto la voluntad del electorado, como debe ser en democracia. Los europeos no son, desde luego, defensores del libre mercado sometidos a políticos intervencionistas. Sin embargo, la aversión de los europeos al liberalismo de mercado a menudo es fomentada estratégicamente por grupos de dentro, a quienes beneficia la protección frente al mercado. Éste es, a la postre, uno de los principales temas del presente libro.

En los últimos años, han venido apareciendo en Francia, Alemania e Italia numerosas muestras de insatisfacción (que aún no se han canalizado bien en el terreno político). En los tres casos, se percibe frustración por la incapacidad para emprender reformas de urgente necesidad. Y lo que es más importante, la falta de interés en emprender serias reformas podría deberse simplemente a que no se comprende lo que se avecina. El declive europeo es un proceso lento y eso hace que sea más difícil desde el punto de vista político llevar a cabo reformas. Las crisis a menudo dan el impulso necesario para emprender reformas, un lento declive no tanto. Por ejemplo, en Latinoamérica algunos países, y especialmente Chile, salieron reforzados de la crisis casi catastrófica de la década de 1970 y de un periodo de dictadura. Las reformas de Chile han convertido su economía emergente en una de las más prósperas de Latinoamérica. Europa no ha tenido desde la década de 1950 ni grandes crisis, ni hiperinflaciones, ni grandes recesiones. Como dice un viejo refrán, si metes una rana en agua fría y empiezas a calentar el agua a fuego lento hasta que hierve, la rana se muere. Si metes una rana en agua hirviendo, sale de un salto y sobrevive. Europa es esa rana metida en agua que va calentándose a fuego lento.

Examinemos los hechos. Los europeos trabajan cada vez menos, debido en parte a los altos impuestos, a las generosas pensiones, a las elevadas prestaciones por desempleo, a la insistencia de los sindicatos en que se reduzcan las horas de trabajo y, en parte, por manera de ser. Los «niños» italianos dejan la universidad a los 27 años; después se pasan un par de años buscando trabajo, trabajan 30 años y finalmente se jubilan a los 60 y viven hasta los 90. Los franceses han conseguido una semana de 35 horas y en Francia son muy pocos los que trabajan en mayo y en agosto. En Alemania, los viernes la hora punta son las 2 de la tarde. No se puede crecer muy deprisa si se trabaja cada vez menos horas por persona, a menos que la productividad crezca a tasas extraordinarias. Para que eso ocurra, se necesita investigación y desarrollo y universidades competitivas, y no digamos mercados de productos verdaderamente competitivos que fomenten la rápida adopción de las nuevas tecnologías. Europa es deficiente en todos estos aspectos. En lugar de retener a los jóvenes que tienen más talento, hace muy poco por impedir que emigren a Estados Unidos, tentados por sus universidades y sus empresas de alta tecnología. Alrededor de un tercio del departamento de economía de la Universidad de Harvard está formado por europeos que han huido de las agitadas universidades de su país. Europa occidental, en lugar de tratar de atraer a los jóvenes de mayor talento de la India, China y Europa oriental, restringe la inmigración. Los inmigrantes a los que se les permite entrar no son las personas inteligentes que han creado en Estados Unidos el gran número de empresas innovadoras que existen. Los ciudadanos de Europa central y oriental mejor formados están sobrevolando Europa occidental rumbo a Estados Unidos. «Esperen diez años a abrir sus fronteras a mis conciudanos», dijo hace poco el que era por entonces ministro de asuntos exteriores de Rumanía, «y todos los ingenieros rumanos inteligentes habrán emigrado a Estados Unidos: lo que les llegará serán nuestros campesinos sin estudios».

Los europeos están envejeciendo. Las tasas de fecundidad son excepcionalmente bajas. Europa no prosperará si sólo trabajan unas pocas personas para mantener a un creciente número de pensionistas. Las fronteras cerradas y la política irracional de inmigración auguran más dificultades para mantener a una población europea cada vez más envejecida con unas bajas tasas de natalidad. Estas dos tendencias demográficas ejercerán grandes presiones sobre los presupuestos europeos.

El declive económico y el declive político van unidos. Europa no puede mantener un poderoso ejército debido a su elevado gasto social y a su baja tasa de crecimiento. No tardará mucho en perder su poderoso papel en los organismos internacionales. Ya hoy en todo el mundo, especialmente en Asia, hay quienes se preguntan por qué Francia y Gran Bretaña deben tener representantes permanentes en el Consejo de Seguridad de las Naciones Unidas. Algunos países como China y la India, que tienen mucha más población que Francia, Gran Bretaña y Alemania juntas, pronto reclamarán y conseguirán más poder en la política mundial, y con razón. En el momento presente, estos países están decididos a trabajar duramente y a hacerse ricos. No tardarán mucho en conseguirlo y en reclamar mayor reconocimiento en las mesas políticas de los organismos internacionales. Los países europeos tendrán que hacerles sitio.

La organización y el reparto del poder en los organismos internacionales, desde la ONU hasta el FMI y las reuniones del G7 (hoy G8), siguen reflejando el equilibrio del periodo posterior a la Segunda Guerra Mundial que se ha quedado obsoleto. En ese momento, Alemania y Japón eran los agresores derrotados; los soviéticos constituían una amenaza, Alemania se había dividido y estaba a punto de construirse un muro. Una gran parte de lo que entonces se llamaba Tercer Mundo se había independizado hacía poco o era una colonia, pero aún muy pobre. Los tiempos han cambiado: en 1945 había en el mundo 74 países independientes y hoy hay 193. Fuera de China, Cuba y Corea del Norte, el comunismo sólo goza de simpatía en los cafés parisienses; Alemania se ha reunificado; el Tercer Mundo está creciendo a un ritmo más rápido que el Primer Mundo. Actualmente, los programas informáticos se desarrollan principalmente en Bangalore; los programas de doctorado de Estados Unidos, incluidas las escuelas de administración de empresas, admiten a miles de inteligentes estudiantes asiáticos. Los tiempos han cambiado; Francia y Gran Bretaña continúan teniendo un representante permanente en el Consejo de Seguridad de la ONU e Italia, y no China, forma parte del G7. No por mucho tiempo.

La falta de gasto militar de Europa también afecta directamente al crecimiento, ya que una gran parte de la tecnología de vanguardia se desarrolla con contratos militares. En Estados Unidos, muchas empresas de alta tecnología, si son realmente buenas, prosperan gracias a los contratos con el Pentágono. En Europa, las empresas, en lugar de contratos militares, a menudo reciben subvenciones del Estado, que son mucho menos eficientes para fomentar la investigación y la innovación. Europa podría impedir su rápido declive militar y político aunando los recursos (políticos y militares) con una verdadera política exterior a través de la Unión Europea. Pero la experiencia reciente induce a pensar que los países europeos distan mucho de estar avanzando por ese camino y, de hecho, la integración política parece cada vez más lejana.

¿Son entonces los Estados Unidos de Europa una vía para salir de su declive? Sí y no. Como zona económica, la Unión Europea ha funcionado relativamente bien. Sin embargo, como unión política, la rápida aniquilación de la constitución propuesta ha puesto de manifiesto los serios límites de este proceso. La idea de una unión política europea que sirva de contrapeso a Estados Unidos en el escenario internacional parece cada día menos realista.

Los obstáculos que impiden la creación de una Europa unida también tienen su origen en una de las principales ventajas de Europa, que es su diversidad: diversidad de lenguas, de cultura, de experiencias históricas y de estilos de vida. La diversidad podría impedir a Europa explotar el potencial de unidad, pero una sociedad diversa podría estar en mejores condiciones para adaptarse a los cambios. En un mundo en rápida transformación, éste podría ser el activo más importante de Europa. Europa debería aceptar la diversidad tanto dentro de sus filas como en relación con los que no son europeos. La insistencia de Bruselas en la coordinación y la uniformidad está, por el contrario, en claro contraste con la visión pluralista del mundo. En el terreno de la diversidad, los europeos podrían aprender de Estados Unidos. Los estadounidenses han tenido que vérselas con una historia de diversidad racial y étnica y ésta es tanto un activo como un pasivo. Es un activo porque el ser un próspero crisol de culturas es lo que ha hecho de Estados Unidos un gran país. Es un pasivo porque muchos de los problemas sociales que hay en Estados Unidos tienen que ver con las relaciones raciales. Europa tiene la oportunidad de aprender de esta experiencia, o puede cruzarse de brazos y pontificar sobre los defectos estadounidenses. Ver a jóvenes franceses descendientes de africanos provocando disturbios en París en 2005 fue un golpe para los propios intelectuales parisienses que encabezaron los de mayo del 68. Por alarmantes que parecieran estos disturbios, son, desgraciadamente, la tendencia del futuro.

Europa se encuentra en una encrucijada. Puede continuar haciendo como si no pasara nada y aceptar un declive lento, pero continuado. O puede emprender reformas. Los cambios son difíciles, por supuesto, cuando las actitudes y las instituciones están profundamente arraigadas en la historia y en las tradiciones políticas e intelectuales. Pero son necesarios si se quiere evitar la decadencia económica. Hoy todavía son posibles; otros diez años más de declive, y podrían no serlo.

Los europeos a los que les preocupan los problemas de Europa responden frecuentemente proponiendo una larga lista de medidas muy detalladas. A menudo piden un incremento del gasto público en infraestructura, educación, políticas industriales y ayuda a las zonas deprimidas. Nosotros pensamos de otra forma. Europa no necesita más dinero público en miles de programas. Europa necesita reformas que proporcionen incentivos y hagan que la gente esté dispuesta a trabajar con más ahínco y durante más tiempo, a asumir riesgos y a innovar. Europa necesita más competencia, no más infraestructuras públicas. Las universidades europeas necesitan más «incentivos de mercado», no más dinero público. Las empresas europeas necesitan menos impuestos, mercados de trabajo menos regulados y mercados de productos que funcionen mejor, no más subvenciones y más protección. Eso no significa que Europa tenga que adoptar la totalidad del modelo estadounidense. No hay duda de que ciertos aspectos del Estado de bienestar europeo son eficientes y deben conservarse. Pero con demasiada frecuencia los intereses de los grupos sobreprotegidos tienen prioridad sobre las necesidades del público en general, y especialmente a costa de la generación más joven.

Algunos observadores están diciendo que el siglo XXI es el siglo europeo, de la misma forma que el siglo XX fue el siglo estadounidense. Nosotros somos más escépticos: hay muchas probabilidades de que el siglo XXI sea el siglo del declive europeo. Esperamos que la historia nos desmienta.

1 EUROPA Y ESTADOS UNIDOS: DOS MODELOS SOCIALES DIFERENTES

Los estadounidenses y los europeos piensan de forma distinta sobre la pobreza, la desigualdad, la distribución de la renta de los ricos en favor de los pobres, la protección social y el bienestar. Los estadounidenses en general creen que los pobres deben ayudarse a sí mismos. Los europeos creen, por el contrario, que el Estado es fundamentalmente responsable de sacar a la gente de la pobreza. En un artículo académico reciente, Rafael Di Tella, Robert Mc Culloch y uno de los autores de este libro (Alesina) observaron que los europeos se consideran menos felices cuando aumenta la desigualdad, incluso cuando otros muchos indicadores individuales y sociales que determinan la felicidad de una persona permanecen constantes. En cambio, los estadounidenses no se consideran menos felices cuando aumenta la desigualdad y ésta tampoco incomoda a los estadounidenses pobres tanto como a los europeos ricos.

Ésa es una de las diferencias cruciales entre los dos lados del Atlántico que tiene importantes consecuencias para el papel del Estado, la tributación, la regulación, el gasto público, la educación, la migración y la cohesión social. En el fondo, esta forma distinta de pensar es importante para casi todas y cada una de las cuestiones de política que examinamos en este libro.

Se trata en cierta medida de una diferencia de preferencias entre los dos lados del Atlántico; los europeos prefieren, libre y gustosamente, tener un Estado de bienestar mayor con todos los costes que conlleva en impuestos y regulación, porque les desagrada la desigualdad. ¿No hay entonces ningún problema? No exacta-

Este capítulo se basa en A. Alesina y E. Glaeser, *Fighting Poverty in the US and Europe: A World of Difference*, Oxford University Press, Oxford, 2004.

mente. La intervención del Estado y la regulación, cuando se ponen en marcha en gran escala, a menudo producen efectos no deseados, como la creación de bolsas de privilegios, grupos sobreprotegidos (por ejemplo, los empleados públicos), una cultura de «dependencia» del Estado, una disminución de la predisposición a asumir riesgos. También producen mucho de lo que se conoce con el nombre de *tax churning*: el Estado grava con una mano, introduciendo distorsiones, y con la otra reparte bienes, servicios y transferencias entre las mismas personas a las que ha gravado. En algunos casos, algunos programas llamados redistributivos acaban aumentando la desigualdad en lugar de reducirla, sobre todo cuando los grupos que más acceso tienen al poder «capturan» esos programas.

Todo lo anterior genera resistencia al cambio. Una estrategia política clásica de los grupos sobreprotegidos es afirmar que cualquier cambio que les afecte aumentará la desigualdad y la pobreza. Por lo tanto, una de las cuestiones fundamentales para Europa y uno de los principales temas de este libro es cómo reducir la excesiva desigualdad sin caer en estas trampas. Dado que esta forma diferente de pensar sobre la desigualdad es tan importante, es necesario ver a qué se debe. Es importante sobre todo para comprender cómo pueden diseñarse reformas que sean viables desde el punto de vista político y que tengan éxito desde el punto de vista económico.

Antes de entrar en este polémico terreno, hacemos una advertencia y damos algunas cifras. Primero la advertencia: no existe un Estado «europeo» de bienestar. En Europa, hay grandes diferencias entre los sistemas de protección social. Los países que constituyen la Europa occidental continental (Europa para abreviar) organizan sus sistemas de protección social de distintas formas. Más adelante en este libro analizaremos algunas de estas diferencias, pero todos los sistemas tienen en común una característica fundamental: una extensa participación del Estado en la redistribución y en la protección social, y en un grado mucho mayor que en Estados Unidos.

Unas cuantas cifras: Europa gasta el doble que Estados Unidos en programas sociales (alrededor del 20 por ciento frente al 10 por ciento) y su gasto público total representa casi el 50 por ciento del PIB, mientras que en Estados Unidos el Estado consume alrededor del 30 por ciento del PIB (tabla 1.1). Europa también gasta mucho más que los países en vías de desarrollo, pero Estados Unidos es un punto de comparación mejor, ya que normalmente las dimensiones del Estado están en consonancia con la renta per cápita. En ninguna otra parte del planeta existen administraciones públicas con tanto presupuesto como en la Europa occidental continental.

Europa gasta más que Estados Unidos en todos los programas sociales, pero sobre todo en los programas destinados a los parados y a las familias pobres, que son algunos de los que van encaminados más directamente a luchar contra la pobreza *per se* y que no están relacionados con la vejez, las enfermedades, etc. Las pensiones públicas son más generosas en Europa que en Estados Unidos (tabla 1.2). Aunque las pensiones públicas se las quitan, en principio, a los jóvenes para dárselas a los ancianos y no pretenden ser redistributivas, en la práctica lo son. Redistribuyen de los jóvenes ricos en favor de los ancianos pobres. De hecho, los pensionistas pobres reciben más que los pensionistas ricos, en relación con la renta que tenían antes de percibir una pensión y en relación con sus cotizaciones.

Tabla 1.1. Gasto público general en porcentaje del PIB, 2000

País	Total [a]	Bienes y servicios	Sueldos y salarios	Subvenciones	Prestaciones sociales y otras transferencias [b]	Inversión bruta
Estados Unidos	29,9	5,3	9,2	0,4	10,6	3,3
Europa continental [c]	44,9	8,3	12,4	1,5	17,6	2,5
Francia	48,7	9,7	13,5	1,3	19,6	3,2
Alemania	43,3	10,9	8,1	1,7	20,5	1,8
Suecia	52,2	9,8	16,4	1,5	20,2	2,2
Reino Unido	37,3	11,4	7,5	0,4	15,6	1,1

Fuente: A. Alesina y E. Glaeser (*Fighting Poverty in the US and Europe a World of Diference*, Oxford University Press, 2004, tabla 2.1). *Fuente original:* cálculos de los autores basados en datos procedentes de OECD Economic Outlook Database (n° 71, vol. 2002, edición 01, junio de 2002).
a. Los totales incluyen los pagos de intereses y algunas clases de gastos de capital.
b. Incluidas las pensiones.
c. Media simple de Austria, Bélgica, Dinamarca, Finlandia, Francia, Alemania, Grecia, Italia, Países Bajos, Noruega, Portugal, España y Suecia.

Dentro de Europa, existen grandes diferencias en lo que se refiere al modo en que están organizados los sistemas redistributivos de pensiones. Por ejemplo, las pensiones son mucho menos redistributivas en Alemania que en Suecia, pero son, en promedio, más redistributivas en Europa que en Estados Unidos. También se observan diferencias entre Europa y Estados Unidos por lo que respecta a los impuestos. En Estados Unidos, el impuesto sobre la renta es, en promedio, mucho menos progresivo que en Europa, aunque dentro de Europa existen muchas diferencias.

Sin embargo, la política fiscal no es el único instrumento con el que los gobiernos europeos tratan de redistribuir la renta. Otros son las reglamentaciones del mercado de trabajo, la legislación sobre el salario mínimo y la enseñanza pública, por citar sólo unos cuantos. Hemos elegido la frase «tratan de redistribuir» por una razón. No todos estos programas destinan eficientemente los recursos a las personas verdaderamente pobres; la mayoría beneficia a la clase media y a multitud de grupos protegidos (intereses especiales). Por ejemplo, la legislación laboral protege a los que están dentro del mercado de trabajo y a los afiliados a los sindicatos, mientras que pone obstáculos a los parados y a los jóvenes que tratan de entrar (reintegrarse) en el mercado de trabajo. Los sistemas de pensiones podrían privatizarse en parte sin aumentar la desigualdad. El gasto público destinado a la enseñanza superior, es en el mejor de los casos, neutral desde el punto de vista distributivo, ya que son predominantemente los ricos los que estudian en

Tabla 1.2. Gasto público en programas sociales en porcentaje del PIB, 1998

País	Total	Vejez, incapacidad y supervivientes	Familia [a]	Programas de prestaciones por desempleo y del mercado de trabajo	Sanidad [b]	Otros [c]
Estados Unidos	14,6	7,0	0,5	0,4	5,9	0,9
Europa continental [d]	25,5	12,7	2,3	2,7	6,1	1,7
Francia	28,8	13,7	2,7	2,6	7,8	1,5
Alemania	27,3	12,8	2,7	2,6	7,8	1,5
Suecia	31,0	14,0	3,3	3,9	6,6	3,2
Reino Unido	24,7	14,2	2,2	0,6	5,6	2,0

Fuente: Alesina y Glaeser (2004). *Fuente original:* cálculos de los autores basados en datos de OECD Social Expenditure Database 1980–1998 (2001, 3ª ed.).
a. Incluidas las prestaciones en efectivo y los servicios en especie.
b. Incluidos la asistencia sanitaria hospitalaria, los servicios médicos ambulatorios y los productos farmacéuticos.
c. Incluidas las prestaciones por accidentes laborales y enfermedades profesionales, las prestaciones por enfermedad, las ayudas para vivienda y el gasto en otras contingencias (tanto en efectivo como en especie), así como las prestaciones destinadas a los hogares de renta baja.
d. Medias simples de Austria, Bélgica, Dinamarca, Finlandia, Francia, Alemania, Grecia, Italia, Países Bajos, Noruega, Portugal, España y Suecia.

las universidades y pagan, de hecho, una parte mayor de los impuestos. Una vez más, existen muchas diferencias dentro de Europa. Generalmente, los economistas califican los estados de bienestar nórdicos de éxito y consideran que los mediterráneos (Italia, Francia y España) plantean más problemas.

Entonces, ¿por qué les preocupa tanto a los europeos la desigualdad en comparación con los estadounidenses? Una posible explicación es que en Europa es más necesario redistribuir porque hay más desigualdad antes de impuestos. Pero eso no es cierto: la desigualdad antes de impuestos es mucho mayor en Estados Unidos que en Europa por varias razones, pero principalmente porque el rendimiento de la inversión en educación es mayor en Estados Unidos, por lo que la dispersión de la estructura salarial también lo es. Por lo tanto, en Estados Unidos debería haber más redistribución para compensar el hecho de que hay más desigualdad antes de impuestos. Sin embargo, ocurre exactamente lo contrario.

¿Por qué son entonces tan distintos los sistemas de protección social de los dos lados del Atlántico? Unas cuantas cifras lo dicen todo. Según el World Value Survey, respetado estudio sobre actitudes realizado en unos 40 países, el 60 por ciento de los estadounidenses cree que los pobres son perezosos, opinión que sólo comparte el 26 por ciento de los europeos. Casi exactamente las mismas proporciones, pero al revés (el 60 por ciento de los europeos y el 29 por ciento de los estadounidenses), creen que por mucho que hagan los pobres no pueden escapar de la pobreza. A los pobres estadounidenses no les preocupa la desigualdad porque consideran que es un peldaño en la escala social por la que pueden trepar. Sin embargo, los pobres europeos piensan que la desigualdad es un obstáculo insalvable. En una ocasión, uno de los autores de este libro iba mencionándole a un amigo estas cifras en un ascensor de Washington, DC, cuando un conserje afroamericano que iba en ese mismo ascensor saltó inmediatamente diciendo que los pobres deben ayudarse a sí mismos, que el Estado no tiene por qué intervenir. ¡No es fácil encontrar en París a un conserje que piense lo mismo!

¿Por qué piensan de forma tan distinta en los dos lados del Atlántico? Una de las posibles explicaciones es que Estados Unidos es una sociedad más móvil, en la que los pobres creen que pueden escapar de la pobreza si se esfuerzan lo suficiente. Si siguen siendo pobres, tiene que ser necesariamente por perezosos. En cambio, los europeos pobres carecen de las supuestas oportunidades que tienen los pobres estadounidenses, ya que las sociedades europeas son menos móviles.

La cuestión es, pues, saber si hay más movilidad social en Estados Unidos que en Europa y ésta es una pregunta sumamente difícil de responder. Estados Unidos no tuvo, desde luego, una nobleza al estilo europeo ni un sistema feudal que provocara una separación de clases sociales. Karl Marx atribuyó a esta diferencia entre Estados Unidos y Europa el hecho de que el sistema de clases estuviera menos definido en Estados Unidos que en Europa, y de que hubiera sido más difícil que prosperaran los partidos y los movimientos de clase. Tenía, desde luego, razón. En Estados Unidos, las historias personales de acumulación de riqueza partiendo de unos orígenes humildes (el hombre hecho a sí mismo) son innumerables y han continuado surgiendo hasta hoy. El hombre hecho a sí mismo es el icono estadounidense. La prueba es el montón de europeos que abandonaron el viejo continente en el siglo XIX y a principios del XX en busca de riquezas al otro lado del Atlántico y que acabaron millonarios.

¿Tienen entonces hoy los estadounidenses pobres mejores perspectivas de escapar de la pobreza que los europeos pobres? Una manera de medir la movilidad real es calcular la proporción de los distintos grupos de renta que ascienden y descienden por la escala social. Las investigaciones muestran que, según este indicador, no se observan muchas diferencias entre los dos lados del Atlántico. Sin embargo, un entusiasta defensor del modelo social estadounidense podría decir que las posibilidades de escapar de la pobreza existen, pero que los pobres estadounidenses no las aprovechan. Los europeos podrían decir, por el contrario, que los pobres, por mucho que se esfuercen, están simplemente atrapados y no pueden escapar de la pobreza sin la ayuda de programas sociales públicos.

Hay una cosa segura: aunque los datos estadísticos existentes sobre la movilidad social muestran que no existen muchas diferencias entre Estados Unidos y Europa a este respecto, los estadounidenses piensan que su sociedad es muy «móvil», mientras que los europeos consideran que es «inmóvil». Por tanto, o bien los estadounidenses sobreestiman el grado de movilidad, o bien los europeos lo subestiman. Los europeos, dado que creen que la sociedad es inmóvil, también piensan que los pobres necesitan mucha más ayuda de todo tipo y que el Estado tiene que intervenir mucho para dar oportunidades, renta y protección social, aun a costa de una enorme presión fiscal, de la regulación del mercado y de diversas interferencias en las fuerzas del mercado.

Aunque en Europa están debatiéndose distintas reformas del Estado de bienestar, todas las que se han propuesto seguirían manteniendo unas políticas redistributivas mucho más extensas que las de Estados Unidos. Los europeos están orgullosos de sus modelos de bienestar. En cambio, la actitud de los estadounidenses de que es posible escapar de la pobreza aprovechando las oportunidades del mercado también tiene que ver con el coste subjetivo de la tributación. Al estadounidense medio le molesta mucho más pagar más impuestos, por lo que cualquier intervención del Estado con sus impuestos inspira recelos. Pero mientras que en la política estadounidense subir los impuestos es un «pecado capital», en la política europea lo que es un «pecado capital» es reducir el gasto.

Cada vez que alguien habla de reducir el gasto en Europa, tiene que acompañarlo de una larga lista de lugares comunes sobre las ventajas de un Estado «productivo», que gasta en educación, investigación, protección social, etc. No está nada claro qué queda exactamente para reducir después de todas estas excepciones.

Estas diferencias sobre las ventajas que se cree que tiene el gasto público no son un fenómeno reciente. Están profundamente arraigadas en la historia de los dos continentes. La figura 1.1 muestra que las diferencias de evolución del gasto social entre Estados Unidos y Europa se remontan a los inicios mismos de la intervención del Estado en estas economías de mercado.

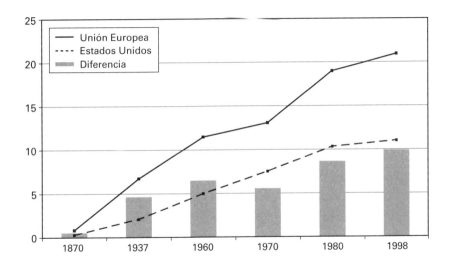

Figura 1.1. Subvenciones y transferencias del Estado en porcentaje del PIB, 1870–1998. *Fuente:* Alesina y Glaeser (2004).

Hasta finales del siglo XIX el gasto público, salvo el militar, era muy pequeño. Cuando comenzó a aumentar el gasto público civil, en seguida creció más deprisa en Europa que en Estados Unidos. En el siglo XX, hubo periodos en los que aumentó en Estados Unidos, especialmente en el *New Deal* y más tarde en la Gran Sociedad, pero Europa dejó atrás, en promedio, a Estados Unidos. Así pues, las explicaciones de la diferencia entre Europa y Estados Unidos no pueden buscarse en acontecimientos políticos recientes; están profundamente arraigadas en la historia de estos dos lugares.

¿Cuál es el origen de estas diferencias de opinión entre Europa y Estados Unidos en el siglo XX? En primer lugar, la tradición intelectual marxista (definida en un sentido amplio) influyó y sigue influyendo profundamente en la cultura europea. El concepto marxista de «clase» implica que es casi imposible que una persona pobre se haga rica o, más en línea con la tradición, que un proletario se convierta en un capitalista. El marxismo tiene que suponer que hay inmovilidad social para justificar el concepto de clase; de lo contrario, su modelo básico se viene abajo.

El marxismo no sólo ha influido en intelectuales y estudiantes. En muchos países europeos, las instituciones políticas se han desarrollado en periodos revolucionarios durante los cuales los partidos y las ideas socialistas han gozado de un amplio apoyo. Por ejemplo, los partidos socialistas y comunistas exigieron y consiguieron, especialmente a principios de los años vente, sistemas electorales basados en una representación proporcional. Esos sistemas permitieron la entrada en los parlamentos nacionales de los partidos marxistas, que comenzaron entonces a influir en la formulación de la política de protección social. Esos partidos, apoyados a menudo por movimientos callejeros y huelgas, fueron muy influyentes, incluso cuando estaban en la oposición. Así pues, la representación proporcional contribuyó a que se adoptaran medidas redistributivas, ya que permitió a las minorías tener representación política. De hecho, algunos estudios estadísticos han puesto en evidencia que, actualmente, en todas las democracias industriales el nivel de gasto público redistributivo aumenta con el grado de proporcionalidad del sistema electoral.

La constitución de Estados Unidos, aunque ha sido objeto de enmiendas y modificaciones, sigue siendo el documento redactado hace casi 250 años por un grupo de hombres blancos adinerados. Las constituciones europeas que están en vigor actualmente fueron redactadas en el siglo XIX, a menudo en momentos de convulsión y por asambleas nacionales en las que había representación de los partidos marxistas. Son, desde luego, diferentes de la constitución de Estados Unidos en lo que se refiere a su énfasis en los derechos sociales y a su grado de protección de los derechos de propiedad. Actualmente, muy pocos partidos europeos se llaman a sí mismos marxistas o comunistas. La influencia marxista de la que hablamos entiende los términos «influencia» y «marxismo» de forma muy amplia, en el sentido de que el marxismo forma parte de la urdimbre cultural de los europeos. Además, en muchos países (Italia, Francia, Alemania, España) los intelectuales izquierdistas dominan la escena. En los países marcados por un pasado nazi o fascista, ser de derechas se ha considerado durante mucho tiempo un pecado, debido a la relación de la derecha con dictaduras horribles.

En Estados Unidos, la influencia cultural marxista fue muy escasa. Salvo en unos cuantos campus universitarios, apenas influyó en la vida estadounidense. La cultura del hombre hecho a sí mismo continua siendo el principal instrumento ideológico y los estadounidenses que son conservadores en materia social lo han utilizado para justificar una intervención limitada del Estado. La posibilidad de la movilidad social es tan crucial para la ideología estadounidense como el concepto de rigidez de las clases para la ideología marxista. Si no existiera la posibilidad de ascender en la escala social, los estadounidenses pensarían que su capitalismo de mercado es injusto.

La razón por la que el marxismo y el comunismo no pudieron prosperar en Estados Unidos es algo que ya analizaron Marx y (especialmente) Engels y que ha fascinado a otros muchos teóricos desde entonces. De hecho, las razones son varias y no son mutuamente excluyentes. Una es la autoselección de los inmigrantes europeos. Los europeos que decidieron irse al nuevo continente eran los más predispuestos a defender el esfuerzo personal como medio de escapar de la pobreza, en vez de quedarse en casa y luchar por el cambio social. Los oprimidos que se quedaron eran intrínsecamente más proclives a ser receptivos a la ideología marxista y estuvieron expuestos a un periodo de difusión y de éxito de esa ideología, que ejerció sin ninguna duda una profunda influencia en ellos. En segundo lugar, el vasto e inexplorado oeste de Estados Unidos permitió reducir las presiones sociales en las ciudades del este. Mientras que en Francia los obreros no podían realmente llevar su oficio a ninguna otra parte de Europa, en la costa este de Estados Unidos podían emigrar al oeste, y muchos lo hicieron. De esa forma, consiguieron tierras en el oeste sin ayuda alguna del Estado. Se convirtieron, pues, literalmente en capitalistas del *Far West*. En tercer lugar, la geografía dificultó el arraigo del movimiento comunista. La organización de un movimiento obrero fue más fácil en Europa que en Estados Unidos debido a que las distancias eran relativamente cortas y las vías de comunicación estaban bien desarrolladas. Las distancias relativamente grandes, por ejemplo, entre Boston y Pittsburgh y el sistema de comunicaciones relativamente subdesarrollado hicieron que fuera difícil organizar el movimiento obrero y que resultara más fácil reprimirlo. En cuarto lugar, después de la guerra de 1812, Estados Unidos nunca combatió contra una potencia extranjera en su territorio. En Europa, la desgracia, el sufrimiento y la inestabilidad política que siguieron a la Primera Guerra Mundial fueron un terreno fértil para el surgimiento de movimientos comunistas. Muchos creían que esta guerra era un conflicto entre burgueses europeos, por lo que un buen número de soldados vieron con simpatía el comunismo y eso hizo que fuera más difícil la represión política.

Por último, la diversidad étnica de la clase obrera estadounidense interfirió en la solidaridad de clase. Un obrero italiano en Nueva York a principios del siglo XX se sentía primero italiano y después obrero. Los obreros irlandeses le inspiraban tanto recelo como los capitalistas. Las oleadas de nuevos inmigrantes solían verse como enemigos y no como miembros de la misma clase. Engels ya fue consciente de ello, y fue precisamente eso lo que lo llevó a dudar de la posibilidad de que en Estados Unidos tuviera éxito un partido comunista. Su perspicacia fue notable.

Aparte de la cuestión de la solidaridad de clase, la fragmentación étnica y racial de la sociedad estadounidense (en comparación con las sociedades europeas tradicionalmente más homogéneas) es una explicación fundamental de la diferencia entre la política redistributiva de Estados Unidos y la de Europa. En una sociedad diversa, en la que la desigualdad de la renta está profundamente relacionada con la raza, es más fácil para los ricos (léase blancos, sobre todo antiguamente) considerar que los pobres de los segmentos pertenecientes a las minorías raciales (especialmente los negros) son diferentes. En una sociedad más homogénea, la solidaridad social es más fácil.

De hecho, todas las encuestas de opinión de las que se dispone muestran que, incluso cuando se tiene en cuenta la renta, los estadounidenses blancos son mucho menos partidarios de las medidas redistributivas que los que no son blancos, justamente porque consideran que esas medidas favorecen a las minorías raciales. Incluso los blancos pobres se oponen a ellas, debido a la desconfianza que les suscitan las demás razas.

Pero ¿por qué habría de estar predispuesta una persona blanca a oponerse al gasto social si cree que beneficia a las minorías raciales? Muchos datos experimentales y estadísticos muestran que la gente confía y se relaciona más con los de su misma raza; posiblemente sea un instinto natural, aunque desagradable. De hecho, la influencia de la diversidad étnica en las medidas redistributivas no es en modo alguno un fenómeno exclusivo de Estados Unidos. La figura 1.2 pone de relieve la existencia de una relación inversa entre el gasto social y un índice de la fragmentación étnica en una muestra de países.

Los países europeos han sido, al menos hasta ahora, más homogéneos que Estados Unidos desde el punto de vista racial, y eso podría explicar la diferencia entre sus políticas de protección social. Como veremos en el siguiente capítulo, está por ver que los países europeos puedan continuar siendo homogéneos restringiendo la inmigración.

Las consideraciones raciales también influyen en el carácter de las instituciones políticas de Estados Unidos y refuerzan así la predisposición en contra de las medidas redistributivas. La representación proporcional, adoptada en muchos países europeos durante las primeras décadas del siglo XX, nunca fue adoptada por Estados Unidos, ya que se pensaba que era un sistema que permitiría elegir representantes negros (y socialistas). Los sistemas mayoritarios, especialmente con manipulaciones (la reorganización de los límites de los distritos electorales para influir en el resultado de las elecciones), garantizarían, por el contrario, la subrepresentación de las minorías.

Los cincuenta estados de la Unión tienen muchos programas redistributivos. Los estados que son más heterogéneos desde el punto de vista racial tienen programas redistributivos más pequeños en relación con sus niveles de renta. Hay abundantes programas de protección social en los estados mayoritariamente blancos del norte y el noroeste (en Oregón y Minnesota, por citar dos ejemplos) y en algunos estados de Nueva Inglaterra (por ejemplo, en Vermont). No hay tantos en el sudeste y el sudoeste, donde la diversidad racial es mayor. La figura 1.3 muestra la relación inversa entre un importante programa de protección social gestionado por los estados que da ayuda a las familias pobres que tienen hijos (AFDC: Aid to Families with Dependent Children) y la proporción de población negra que hay en esos estados. El carácter descentralizado de Estados Unidos constituye, pues, otro obstáculo más para la adopción de una política redistributiva.

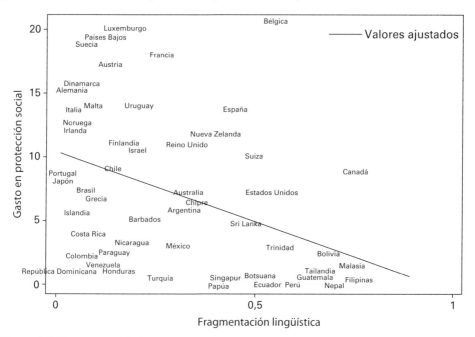

Figura 1.2. Fragmentación lingüística y gasto en protección social. La fragmentación lingüística es una medida de la «homogeneidad de un país». En términos técnicos, el índice de fragmentación es la probabilidad de que dos personas extraídas aleatoriamente de un país hablen la misma lengua. Cuanto más homogéneo es un país desde el punto de vista lingüístico, más bajo es el índice. *Fuente:* Alesina y Glaeser (2004).

Por último, los sindicatos funcionan de forma distinta. En Estados Unidos, siempre se han comportado como organizaciones que negocian directamente con los empresarios para conseguir concesiones salariales y de otros tipos. Como durante una gran parte de la historia de Estados Unidos no ha habido en el Gobierno ningún partido que les haya sido favorable, los sindicatos estadounidenses han mirado con recelo la intervención del Estado. No quieren que el Estado se entrometa en sus asuntos. En cambio, los sindicatos europeos han desarrollado, en alianza con los partidos socialdemócratas, que a menudo ocupan el poder, un sistema de negociación a tres bandas con asociaciones patronales y el Gobierno como mediador (y como patrono en el caso de los empleados públicos). Como consecuencia, las políticas de protección social se convierten en materia de negociación en las negociaciones tripartitas.

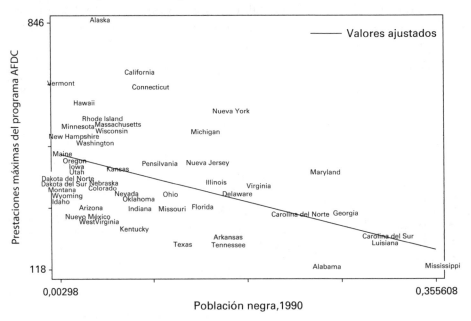

Figura 1.3. Prestaciones máximas del programa AFDC y porcentaje de negros que hay en los estados de Estados Unidos (AFDC es un programa de protección social gestionado por los estados que da ayuda a las familias de renta baja que tienen hijos dependientes). *Fuente:* Alesina y Glaeser (2004).

¿Existen presiones sobre el sistema europeo de protección social para que se parezca más al estadounidense? En cierta medida, sí. Una de ellas es la presión demográfica. Los sistemas europeos de pensiones corren el riesgo de ser insolventes debido a las tendencias demográficas del descenso de las tasas de natalidad y del aumento de la esperanza de vida. Hay otro factor, menos obvio, que en la próxima década podría influir mucho en el futuro del Estado europeo de bienestar y está relacionado con la inmigración y la diversidad racial de Europa. La diversidad étnica ya está aumentando y aumentará más en Europa continental a medida que lleguen más personas procedentes de Europa oriental y de los países en vías de desarrollo. Según nuestro análisis anterior, eso podría obligar hasta cierto punto al Estado a recortar los programas de protección social. Incluso los partidos conservadores más respetables de Europa no tardarán mucho en empezar a decir que los extranjeros están viniendo a darse un banquete con los impuestos de sus ciudadanos. Dicho lisa y llanamente, cuando los europeos de clase media comiencen a darse cuenta de que una buena parte de sus pobres son personas que han inmigrado recientemente, su profunda fe en las virtudes del Estado de bienestar comenzará a resquebrajarse. Actualmente, incluso la intelectualidad izquierdista europea relaciona abiertamente la delincuencia y la miseria urbana con la inmigración. De ahí a lamentar los altos impuestos que se gastan en protección social para los inmigrantes no hay más que un paso.

¿Qué hemos aprendido, pues, en este capítulo? La tradición marxista ha influido mucho más en los europeos que en los estadounidenses. Para los europeos la desigualdad provocada por el mercado es un mal con mayúscula. Recelan generalmente de los mercados y son partidarios de una intervención masiva del Estado para corregir la desigualdad. El hecho de que las sociedades europeas sean (o hayan sido al menos) relativamente homogéneas ha favorecido la adopción de políticas muy generosas de protección social promovidas a menudo por alianzas entre los sindicatos y los partidos socialdemócratas, en ocasiones directamente en contra de los intereses patronales. La redistribución *per se*, cuando sus costes y el sacrificio que implican son comprendidos y aceptados perfectamente por una sociedad, puede ser un objetivo social deseable. Pero los estados europeos de bienestar han engendrado tres tipos de problemas, que abordamos detalladamente más adelante en este libro. En primer lugar, la excesiva generosidad de los sistemas de protección social adoptados en periodos de elevado crecimiento ha planteado problemas presupuestarios en muchos países europeos, sobre todo en aquellos en los que el crecimiento se ha desacelerado y las tendencias demográficas se han vuelto negativas. En segundo lugar, la intervención masiva del Estado y la regulación han contribuido a crear bolsas de privilegios y muchos grupos sobreprotegidos que se oponen, a su vez, al cambio. Por último, hay una tercera consecuencia menos obvia, pero potencialmente incluso más insidiosa, que ha sido sugerida en un reciente artículo académico por George Marios Angeletos, profesor del MIT, y uno de los autores de este libro (Alesina). Los impuestos altos y la regulación producen un efecto desincentivador que reduce la movilidad de la sociedad, ya que ahogan la iniciativa individual, de donde se deduce que algunos de los que se enriquecen, o bien son afortunados, o bien han conseguido sortear la complejidad de los sistemas reglamentarios. En otras palabras, allí donde abundan los impuestos altos y los sistemas reglamentarios son complejos, a menudo florecen zonas grises en la maraña de leyes mercantiles y tributarias, por no hablar de la evasión fiscal. La impresión de que los que han tenido éxito sencillamente «engañaron al sistema» crea un círculo vicioso de demanda de mayor redistribución, tributación y regulación. Cuanto más gravan y regulan los gobiernos, menos móvil es la sociedad y menos se recompensa el esfuerzo y las inversiones individuales y, por lo tanto, mayor es la demanda de redistribución y de impuestos. Éste es el círculo vicioso que los países europeos deben tratar de romper.

¿Por qué no se oponen los contribuyentes europeos? La complacencia de los contribuyentes también está relacionada indirectamente con la actitud marxista que hemos analizado antes. Los europeos tienden a considerarse miembros de un grupo: los maestros, los empleados públicos, los taxistas, los afiliados a los sindicatos, y así sucesivamente. Se identifican mucho más que los estadounidenses con un grupo económico y social, algo así como la conciencia marxista de «clase». Se ven a sí mismos como contribuyentes mucho menos que los estadounidenses. Los políticos responden más a las presiones de los «grupos» que a las presiones de los contribuyentes. El resultado es el aumento de los programas de gasto y un impedimento para oponerse a los «grupos», incluso a los menos dignos de ayuda.

¿Cuál es, pues, la solución en Europa? ¿Adoptar simplemente el sistema estadounidense de protección social? La respuesta es negativa. Como hemos señalado, existe una verdadera diferencia de preferencias sobre la política social entre los dos lados del Atlántico. El problema de Europa es cómo diseñar sistemas de protección social que sean solventes desde el punto de vista fiscal sin crear todas las distorsiones políticas y económicas que acabamos de analizar. La tarea que tiene por delante no es fácil.

2 GESTIONAR UNA SOCIEDAD MULTIÉTNICA

El diminuto estrecho de Gibraltar, que podría salvarse fácilmente con un puente, separa a los europeos de 210 millones de norteafricanos, cuya renta media per cápita es de 1.800 dólares americanos al año, y de 700 millones de subsaharianos, cuya renta media per cápita es de 500 dólares al año; la renta media de los europeos occidentales es, por el contrario, de 22.800 dólares. La caída del comunismo en Europa central y oriental ha permitido a 350 millones de habitantes de esa región circular libremente. De estos emigrantes potenciales, 70 millones provendrían de países que actualmente son miembros de la Unión Europea. Los continuos conflictos de Oriente Medio han provocado la emigración de habitantes de esa región hacia el noroeste.

El volumen de emigración a Europa occidental puede adquirir proporciones gigantescas, por lo que la inmigración será una de las cuestiones importantes en Europa durante la próxima década, por no decir la más importante. Muchas personas que tratan de emigrar, desde luego las que proceden del norte de África y de Oriente Medio, son musulmanas y comparten una cultura que parece cada vez más difícil de integrar en los valores occidentales. En este sentido, el reto de la inmigración al que se enfrenta Europa es más sobrecogedor que los problemas parecidos que tiene Estados Unidos, donde los inmigrantes proceden principalmente de los países católicos de Latinoamérica. Los europeos no han pensado mucho sobre estas cuestiones; si es necesario darles una llamada de atención, en el asuto de la inmigración, esta llamada tiene que ser especialmente enérgica.

Una vez más, es útil hacer una comparación con el otro lado del Atlántico. Estados Unidos, como país de inmigrantes que es, está mucho mejor preparado para abordar las cuestiones que plantean las oleadas de inmigrantes. Una de las áreas más estudiadas hoy en economía y sociología es la influencia de la heterogeneidad racial en el funcionamiento de la sociedad estadounidense. Europa tiene mucho que aprender de Estados Unidos en lo que se refiere a lo que se debe y no se debe hacer.

La lección general que enseña el caso de Estados Unidos es fascinante y compleja. El crisol de culturas de Estados Unidos ha sido un éxito económico colosal. Sin embargo, no ha resultado fácil gestionar los problemas sociales relacionados con la diversidad étnica y racial. La diversidad es al mismo tiempo uno de los mayores activos y uno de los mayores quebraderos de cabeza de Estados Unidos. Las difíciles relaciones raciales han provocado tensiones en muchas de sus ciudades. Nueva York y Los Ángeles, las dos ciudades de Estados Unidos en las que mayor es la diversidad étnica, también son líderes en los negocios y en las artes. Pero en las dos (especialmente en Los Ángeles) ha habido disturbios raciales. En Estados Unidos, las relaciones raciales han estado durante décadas –y siguen estándolo– en el centro del debate político, hasta tal punto que las divisiones raciales son unos determinantes de las preferencias y de las actitudes políticas tan importantes como la renta, cuando no más.

El primer paso que hay que dar para abordar de una manera realista el problema de las relaciones raciales es comprender el origen y las consecuencias de la animosidad racial, aunque eso signifique descubrir verdades desagradables. En el caso de Estados Unidos, las investigaciones realizadas en economía, sociología, psicología y politología han mostrado que la gente se fía mucho menos de las personas que no son de su raza; como hemos señalado en el capítulo anterior, los blancos están menos dispuestos a brindar su apoyo a los gastos sociales porque piensan que favorecen a las minorías. Las comunidades en las que la fragmentación racial es mayor tienen gobiernos menos eficientes, más corrupción y clientelismo, más delincuencia y menos bienes públicos productivos por dólar de impuestos. En una palabra, las ciudades en las que la diversidad racial es mayor tienen más problemas sociales y menos capital social, si bien algunas de ellas se encuentran entre las más productivas (por ejemplo, Nueva York y Los Ángeles).

El hecho de que sea difícil gestionar las ciudades multirraciales no significa que la solución sea eliminar la heterogeneidad y crear comunidades racialmente homogéneas. Pero es preciso reconocer la realidad de estas cuestiones para comenzar a construir una política sólida con respecto a las relaciones raciales. Los estadounidenses discrepan sobre los métodos para hacerlo. Algunos defienden los programas de discriminación positiva que dan preferencia a las minorías en las admisiones en las universidades, en la asignación del empleo y en los contratos públicos. Consideran que es una forma de reparar antiguas injusticias y, lo que es más importante, de crear modelos de rol y de vencer la discriminación residual más o menos voluntaria. Otros se oponen a los programas de discriminación positiva y sostienen que lo único que se necesita para crear empleo para las minorías y para ayudar a mantener unidas a las familias negras es una política que no tenga en cuenta la raza, así como libres mercados y valores favorables a la familia. Mantener unidas a las familias negras es un factor crucial en cualquier política, ya que en Estados Unidos una de las causas más importantes de la pobreza es la propagación de los hogares monoparentales (es decir, de madres solas) en la comunidad negra.

Hay otros debates: ¿son las universidades negras (las universidades exclusivamente para negros) una idea buena o mala? ¿Qué fuerza tiene la presión social del grupo en los barrios negros? ¿Por qué a las mujeres jóvenes negras les va mejor que a los hombres jóvenes negros? ¿Qué relación existe entre las diferentes minorías raciales, por ejemplo, entre los negros y los chinos? No es éste el lugar para ofrecer soluciones originales a la cuestión de la armonía racial en Estados Unidos, aunque está claro que las ciudades multirraciales y multiétnicas de ese país plantean un reto, pero son una de las fuentes de la vitalidad del país. La cuestión crucial es cómo conservar lo bueno y corregir lo malo de la heterogeneidad racial.

Independientemente de cuáles sean las respuestas adecuadas, Estados Unidos trata constantemente de encontrarlas a base de ir probando y su política ha estado dominada por la búsqueda de soluciones a las rupturas de las relaciones raciales. En conjunto, las minorías han hecho grandes avances en el terreno de la integración y el éxito económico. En la década de 1950, los negros sureños no podían sentarse en la parte delantera de los autobuses; tuvo que ser una valiente mujer negra, Rosa Parks, la que desafiara esta norma. Actualmente, la secretaria de Estado es una mujer negra y quizás el próximo presidente sea negro. Pero la situación económica de las minorías en Estados Unidos dista de ser perfecta. La pobreza sigue estando excesivamente concentrada en las minorías. Como hemos señalado en el capítulo anterior, las cuestiones raciales a menudo impiden adoptar medidas racionales de protección social. Las minorías que deciden segregarse en sus propias comunidades agravan estos problemas.

Leyendo la prensa europea a menudo se percibe un enorme esnobismo hacia Estados Unidos cuando se trata de cuestiones raciales. Ellos, los estadounidenses, tienen problemas de racismo; nosotros somos inmunes a él, si no fuera por los locos cabezas rapadas neonazis y por gente por el estilo. Las perturbadoras imágenes de las víctimas del huracán Katrina, que mostró la miseria de las minorías pobres, dieron un gran espaldarazo al complejo de superioridad europeo. Pero lo que ocurrió en 2005, desde Ámsterdam hasta París, demuestra que el problema racial también está profundamente arraigado en Europa. Al igual que ocurre en Estados Unidos, la triste realidad es que las relaciones raciales son intrínsecamente difíciles y la actitud de confianza y cooperación no atraviesa fácilmente las barreras raciales. Si los europeos creen que su sociedad puede hacer frente fácilmente a un creciente número de inmigrantes extranjeros de diferentes razas y culturas, ese trata de un cuento de hadas. Los disturbios que se registraron en Francia en noviembre de 2005 fueron un duro despertar para los europeos, y esto no es más que el comienzo de un largo y arduo proceso de aclimatación.

El racismo y el uso de la inmigración como arma política están convirtiéndose en el programa de la derecha europea. La Liga Norte en Italia, el Vlaams Blok (hoy llamado Vlaams Belang después de que el partido original fuera declarado organización delictiva y se disolviera) en Bélgica y el Frente Nacional de Le Pen en Francia son ejemplos de partidos que comparten la aversión a los inmigrantes y promueven medidas simplistas para controlarlos. Aunque algunos individuos como Jörg Haider y Jean-Marie Le Pen aparezcan y desaparezcan (nunca demasiado pronto), la cuestión racial no desaparecerá tan fácilmente de la política europea. Incluso algunas de las palabras que utilizó el entonces ministro francés de interior Sarkozy durante los disturbios de París fueron, en el mejor de los casos, una muestra de ingenuidad en la forma de gestionar las delicadas cuestiones raciales y, en el peor, una muestra de arrogancia.

¿Cómo está reaccionando la intelectualidad europea ante la inmigración? De momento en sus reuniones y cenas resulta aceptable afirmar que la inmigración reciente ha aumentado la delincuencia, mientras que sería de mal gusto hablar en contra de los programas sociales para inmigrantes o a favor de otras normas discriminatorias. Pero estas cuestiones no tardarán mucho en ponerse sobre la mesa. Si los inmigrantes delinquen, ¿también debemos recompensarlos con programas de protección social? Esta cuestión es especialmente acuciante, ya que algunos estudios muestran que los inmigrantes tienden a ser grandes usuarios de las prestaciones asistenciales, y aunque actualmente éste es un tema que no se puede ni tocar en las buenas mesas de la sociedad europea, pronto será objeto de examen.

Suecia es un buen ejemplo. La inmigración comenzó a adquirir grandes proporciones a finales de los años setenta y principios de los ochenta como consecuencia de la política de apertura hacia los refugiados y los demandantes de asilo. Tras un periodo de entusiasmo humanitario, comenzaron a aparecer los problemas. Finalmente, algunos episodios de racismo obligaron a Suecia a afrontar el problema de qué hacer con la numerosa población inmigrante.

¿Cuál debe ser entonces la postura de los europeos en lo que se refiere a la política de inmigración? El primer paso es desechar las políticas «extremas» que no tienen sentido: abrir totalmente las fronteras y permitir que entre todo el que quiera o sellarlas por completo para que no entre nadie.

El problema de la primera solución es obvio: Europa no puede permitirse acoger de repente a una gran cantidad de africanos pobres. Eso plantearía enormes problemas sociales. Pero si se restringe la inmigración procedente de África, Europa debería permitir el libre comercio de bienes que pueda sustituir al comercio de factores de producción (trabajo). Como señalaremos más adelante, la política agrícola proteccionista de Europa ha causado un grave daño a las economías de muchos países africanos que exportan productos agrícolas. Si la política agrícola europea fuera más sensata y justa, las economías africanas podrían hacer más progresos y disminuiría el deseo de los africanos de emigrar a Europa.

El extremo opuesto también tiene problemas. Europa necesita inmigrantes. Como señalamos en la introducción, su población está envejeciendo y la tasa europea de dependencia ha aumentado enormemente. El porcentaje de la población de 60 años o más en relación con la población de 15 a 59 años era del 26 por ciento en 1990, del 35 por ciento en 2000 y actualmente es mayor. El número de nacimientos por mil habitantes descendió entre 1970 y 2000 de 16,8 a 9,3 en Italia, de 13,4 a 9,4 en Alemania occidental, de 19,6 a 9,8 en España y de 16,7 a 13,2 en Francia. El envejecimiento de la población de Italia, que tiene la segunda tasa más baja de natalidad de Europa, plantea especiales problemas: Italia tiene la proporción de población de menos de 20 años más baja de Europa (véase la figura 2.1).

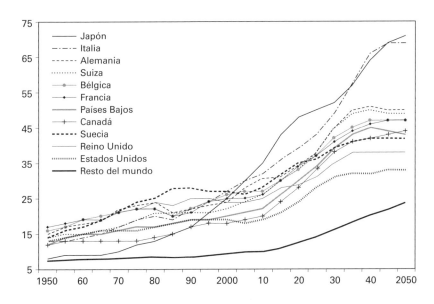

Figura 2.1. Dependencia de las personas de edad avanzada: población de 65 años o más en porcentaje de la población de 15 a 64 años. *Fuente:* UN Population Division, World Population Prospects, 2004.

El número de inmigrantes es especialmente bajo en Italia y lo ha sido en España hasta hace muy poco (véase la tabla 2.1). Suecia ha sido el país de la UE con el mayor número de inmigrantes en porcentaje de la población. Como cabría esperar, también es el país de la UE en el que las ideas sobre la política de inmigración son más avanzadas. Austria también tiene un número relativamente alto de inmigrantes, pero son principalmente ciudadanos de Europa oriental que han inmigrado recientemente.

Tabla 2.1. Volumen de inmigrantes en porcentaje de la población, 2000

País	Volumen de inmigrantes
Bélgica	8,6
Austria	9,4
Italia	2,8
Países Bajos	9,9
Portugal	2,3
Francia	10,7
Finlandia	2,6
Alemania	8,9
España	3,1
Suecia	11,2
Dinamarca	5,7
Irlanda	8,1
Reino Unido	6,8
Grecia	4,9

Fuente: Banco Mundial, World Development Indicators.

Pero la inmigración tiene otras consecuencias, además de sus efectos demográficos. La entrada de mano de obra cualificada aumenta la competencia, estimula la innovación y crea nuevas oportunidades para el desarrollo de capital humano. Actualmente, Estados Unidos es el destino preferido de muchos jóvenes brillantes en busca de mercados en los que utilizar sus conocimientos. Para el trabajador muy cualificado es fácil, incluso después del 11 de septiembre, obtencr un permiso de residencia en Estados Unidos y posteriormente la ciudadanía. La inmigración también puede ocasionar la reducción de la renta de algunos grupos. El reciente exceso de fontaneros polacos que asustó a tantos franceses es posible que fuera inoportuno para los caros fontaneros de París, pero ¿y para los parisienses que necesitan contratar fontaneros más baratos?

Sellar las fronteras de Europa no sólo es un error sino también una imposibilidad. ¿Cómo tiene que abordar entonces Europa el problema? Los primeros que llamaron a la puerta de Europa fueron los ciudadanos de los nuevos estados miembros de Europa central y oriental. Eran personas que poseían un alto nivel de formación y que podían integrarse fácilmente. Parecía que los viejos estados de la UE no iban a poner obstáculos a su llegada. Pero no fue así. Temiendo una invasión de trabajadores inmigrantes procedentes de Europa central y oriental, los miembros originales de la UE levantaron grandes barreras para impedir su entrada. A pesar de la retórica de la Unión Europea sobre el mercado abierto, para la mayoría de los ciudadanos de los nuevos estados miembros la libre circulación de mano de obra no se hará realidad antes de 2010. Esta política es discutible.

En primer lugar, aunque hoy se abrieran totalmente las fronteras de la UE al este, Europa occidental no se vería inundada de trabajadores de Europa central y oriental. Según An Agenda for a Growing Europe, informe publicado por Oxford University Press en 2004 para la Comisión Europea, si se abrieran totalmente las fronteras, entrarían como mucho entre 250.000 y 450.000 trabajadores durante los dos primeros años y entre 100.000 y 200.000 al año a partir de entonces. Durante los diez primeros años, el número acumulado de inmigrantes podría oscilar entre 1,5 y 4 millones, es decir, entre el 2,4 y el 5 por ciento de la población total de los nuevos estados miembros y una diminuta proporción de la población total de los quince miembros originales de la Unión Europea. Estas cifras concuerdan con una enorme cantidad de datos estadísticos que muestran que los europeos, tanto los occidentales como los orientales, son personas relativamente sedentarias. Las barreras lingüísticas y los vínculos culturales y familiares llevan a la gente a quedarse en su país, incluso cuando sabe que puede obtener importantes mejoras económicas si emigra.

En segundo lugar, cuanto más tarde Europa en abrir sus fronteras, menor será la calidad del capital humano que recibirá. Como ha dicho Mircea Geoana, antiguo y joven ministro de asuntos exteriores de Rumanía, «si la UE espera otros siete o diez años a abrir sus fronteras, los trabajadores que recibirá de mi país serán los menos cualificados, campesinos y personas con poco capital humano: para entonces, los médicos, los arquitectos y los ingenieros habrán emigrado todos a Estados Unidos». De hecho, eso es precisamente lo que ha ocurrido con los rusos: los más cualificados se han ido a Estados Unidos. Europa no ha sido capaz de atraer nada más que a unos cuantos oligarcas, que han emigrado a Londres o la Riviera francesa, y a un puñado de alegres músicos callejeros.

En tercer lugar, mientras las fronteras de la Unión permanezcan cerradas, también existe el riesgo de que la inversión extranjera sobrevuele Europa occidental y aterrice directamente en Europa central y oriental, donde la gente está dispuesta a trabajar muchas horas, hay menos regulación de los mercados y el capital humano es relativamente alto, ya que los centros de enseñanza comunistas impartían una buena formación técnica. Estos países han abierto sus mercados a los inversores extranjeros y los inversores extranjeros están respondiendo sin dilación.

Por último, dadas las enormes esperanzas que precedieron a la entrada en la Unión Europea, la tacañería con los nuevos miembros puede desatar una violenta reacción contra los europeos occidentales. La discriminación de los ciudadanos de los nuevos países miembros puede plantear grandes problemas políticos a la Unión Europea. La retórica contraria a los ciudadanos de Europa oriental que empañó el «no» francés a la constitución europea fue bastante reveladora. La protección del empleo de los trabajadores franceses amenazados por los trabajadores inmigrantes fue la reivindicación más visible del bando contrario a la constitución europea.

La apertura de las fronteras a muchos ciudadanos cualificados de Europa central y oriental es, pues, la política adecuada y Europa occidental debería avanzar más deprisa en este sentido. La apertura de las fronteras intensifica la competencia, aumenta el capital humano y tiene escasas repercusiones sociales negativas. Si los fontaneros franceses tienen que cobrar menos o trabajar más, pues que así sea. Desgraciadamente los pocos inmigrantes de Europa oriental no resolverán, sin embargo, ni el problema de envejecimiento de la población de Europa occidental ni las demandas de sus mercados de trabajo.

Luego existe otro tipo de inmigración que puede plantear problemas más serios. A medida que la industria manufacturera se traslada al sudeste asiático, Europa va convirtiéndose cada vez más en una economía de servicios. Eso significa que los viejos empleos industriales tienen que sustituirse por dos tipos de actividades de servicios: las actividades muy cualificadas (finanzas, educación) y las poco cualificadas, es decir, las personas que «atienden» a las muy cualificadas y bien remuneradas. Desgraciadamente, hay un hecho cierto: es necesario que los sistemas de protección social funcionen bien para poder corregir la desigualdad y la pobreza excesivas que son el resultado de esta situación. Por cierto, los servicios que procuran muchos de estos puestos de trabajo no pueden «comprarse». El comercio de bienes y servicios no es, en este caso, un sustituto de la movilidad del trabajo. Cuando se hace una reserva de avión para viajar de París a Moscú, el agente de la compañía aérea puede responder desde la India, pero el camarero indio de un restaurante de París tiene que estar físicamente en París. ¿Qué pasa entonces con los millones de parados europeos? Muchos de ellos, sobre todo los que han perdido su empleo en las industrias pesadas en declive, no quieren o no pueden trabajar en el sector servicios; muchos son incluso demasiado viejos para reciclarse y realizar un trabajo de servicios de nivel más alto. La triste realidad es que muchos de los parados no son empleables y probablemente llegarán a su edad de jubilación utilizando distintos tipos de protección social.

Una de las razones por las que Europa tiene tantas dificultades para adaptarse a la desaparición del empleo tradicional es la rigidez de los salarios relativos. En Estados Unidos, la diferencia entre el salario medio y los salarios de los trabajadores peor remunerados aumentó entre las décadas de 1970 y 2000 un 13 por ciento en el caso de los hombres y un 18 por ciento en el de las mujeres. En Francia y Alemania, ocurrió lo contrario: la diferencia se redujo tanto en el caso de los hombres como en el de las mujeres, un 4 y un 10 por ciento, respectivamente. Eso explica por qué hay tan pocos puestos de trabajo poco cualificados en estos países y por qué las empresas han sustituido a los trabajadores poco cualificados por máquinas.

Los estudios de los que se dispone acerca de los efectos de la emigración a la Unión Europea sobre la pérdida de puestos de trabajo por parte de los europeos occidentales parecen indicar un efecto pequeño, cuando no nulo. De hecho, para que Europa siga funcionando, no sólo tienen que inmigrar los ciudadanos de Europa central y oriental que poseen un alto nivel de formación y son fáciles de integrar, sino también personas procedentes del Magreb, la India y el sudeste asiático, por no hablar del resto de África o de América latina. Esto ya está ocurriendo: nos encontramos con la peruana que cuida ancianos, la asistenta filipina, etc. Los domingos por la tarde, en Barcelona, en Roma y en todas las ciudades grandes de Europa, se ven numerosos grupos de asistentas asiáticas o latinoamericanas disfrutando de sus horas de asueto.

Aunque los problemas de la inmigración no tienen una fácil solución, el enfoque racional desde el punto de vista económico es el de la inmigración selectiva. Cada país decide a quién va a dejar entrar, según las necesidades de su mercado de trabajo y teniendo en cuenta los posibles costes sociales de la heterogeneidad racial. Ésta es en cierto sentido la política que han seguido algunos países como Estados Unidos, Australia y Canadá. Por ejemplo, el sistema de permisos de residencia y trabajo de Estados Unidos permite al Gobierno asignar los permisos de trabajo en función de las necesidades del mercado de trabajo. Europa debería seguir ese mismo camino expidiendo un determinado número de permisos de trabajo (que podrían incluir la nacionalización posterior) en función de las necesidades del país receptor.

Lo que pasa, sin embargo, es que los gobiernos europeos a menudo no toman sus decisiones basándose en un análisis racional de las necesidades de su país, sino bajo la presión de los grupos de intereses nacionales. Por ejemplo, fueron las enfermeras y los fontaneros franceses quienes presionaron en contra de la inmigración de sus colegas de Europa oriental. Al igual que ocurre con otras muchas cuestiones de política que se analizan en este libro, Europa corre el riesgo de equivocarse de camino si los gobiernos se ven sometidos a los grupos de intereses nacionales, cuyas presiones tienden a hacer que las políticas de inmigración sean excesivamente restrictivas. La alternativa obvia es crear incentivos para que el Gobierno se equivoque por exceso y permita entrar a gente de más.

Hay otras cuestiones más difíciles en torno a las relaciones raciales. Si los principales partidos europeos no comienzan a invertir seriamente en comprender las tensiones raciales y hacen de la raza una de sus prioridades, algunos individuos como Le Pen llenarán inevitablemente ese hueco con sus mensajes de odio.

3 Los estadounidenses trabajando, los europeos de fiesta

A principios de los años setenta, los europeos y los estadounidenses trabajaban aproximadamente el mismo número de horas; hoy en día, los europeos trabajan muchas menos, como muestra la figura 3.1. En 1973, el número de horas trabajadas al año por persona en edad activa (15-64 años) era de alrededor de 1.800 en Estados Unidos, Francia, Alemania e Italia; hoy en día, sigue siendo aproximadamente igual en Estados Unidos y de alrededor de 1.400 horas en estos tres países europeos. El trabajador británico se encuentra en un punto intermedio.

¿Por qué ha ocurrido eso? ¿Y qué consecuencias tiene para el crecimiento económico, que últimamente se ha quedado rezagado en Europa en relación con Estados Unidos?

En pocas palabras, hay dos teorías sobre esta cuestión. Según una de ellas, lo que ocurre sencillamente es que a los europeos les gusta el ocio más que a los estadounidenses. Pero hasta mediados de los años setenta los europeos trabajaban más que los estadounidenses. Por lo tanto, es más preciso decir que cuando los europeos se hicieron ricos, comenzaron a dedicar más tiempo que los estadounidenses al consumo de ocio que a la producción de renta para comprar bienes. Y según esta explicación, insinuada por algunos de los que sostienen esta tesis, Europa es en algunos aspectos superior a Estados Unidos porque los europeos se divierten más y tienen, aun así, un buen nivel de vida y unas tasas de crecimiento aceptables. Aparentemente, los europeos son conscientes del coste de trabajar menos y producir menos y han tomado una decisión muy meditada, eso es lo que sostienen.

Este capítulo se basa en A. Alesina, E. Glaeser y B. Sacerdote, «Work and leisure in the US and Europe: Why so different?», *NBER Macroeconomic Annual*, MIT Press, 2004.

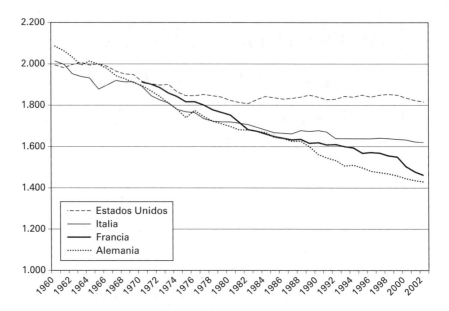

Figura 3.1. Número anual de horas trabajadas en las cuatro últimas décadas.
Fuente: Alesina, Glaeser y Sacerdote (2004).

Según la otra teoría, los europeos trabajan cada vez menos debido a los impuestos sobre la renta del trabajo y a las reglamentaciones impuestas sobre los horarios laborales, la duración de las vacaciones, las horas extraordinarias y la edad de jubilación. Según esta teoría, el número de horas de trabajo ha disminuido tanto en Europa por la confluencia de todas estas distorsiones, que al mismo tiempo representan un serio obstáculo para el crecimiento de la renta y crean problemas de solvencia a los sistemas de pensiones. Según esta explicación, los europeos no se dan cuenta del peligro que corren y continúan pensando que cada vez pueden tomarse más vacaciones, que pueden jubilarse anticipadamente, que pueden mantener a uno de los cónyuges ocupándose de la casa y disfrutar al mismo tiempo de un nivel de renta cada vez más alto.

¿Cuál de estas teorías es la correcta? Creemos que la segunda, más pesimista, se aproxima más a la realidad. Eso no significa que la primera deba descartarse por completo. Aunque Europa eliminara todas las distorsiones, el número de horas de trabajo nunca llegaría a ser igual al de Estados Unidos, debido probablemente a que las preferencias son distintas por razones culturales. Pero creemos firmemente que las distorsiones antes señaladas (los impuestos, la regulación y los sistemas de pensiones que favorecen la jubilación muy anticipada) han llevado a algunos países europeos, especialmente a Francia, Alemania e Italia, demasiado lejos, en el sentido de que se trabaja demasiado poco. Por demasiado poco entendemos una cantidad demasiado pequeña para ser compatible con las aspiraciones de los europeos de hoy en día sobre la renta que esperan tener mientras trabajan y cuando se jubilen.

Para abordar estas cuestiones más detalladamente, tenemos que comenzar viendo por qué los europeos trabajan menos que los estadounidenses. Hay tres razones por las que el número de horas que trabajan puede ser diferente. En primer lugar, cuando la proporción de la población activa es menor o cuando el paro es más alto, el porcentaje de la población que está ocupada es más bajo. En segundo lugar, las personas que trabajan se toman más vacaciones, o alegan que están enfermas más a menudo, o disfrutan de unos periodos más largos de permiso por maternidad. En tercer lugar, el número normal de horas de una semana laboral normal es menor. Estos tres factores pueden explicar las diferencias entre Estados Unidos y Europa.

La tabla 3.1 muestra una desagregación de las diferencias entre las horas trabajadas por persona de Estados Unidos y las de Francia, Alemania e Italia. Obsérvese que en Francia y Alemania los tres factores tienen un peso parecido, alrededor de un tercio de la diferencia. El hecho de que Italia sea el país en el que el efecto es mucho mayor se debe a que la participación en la población activa es menor. Además, en Italia la proporción de la población activa es especialmente baja en el caso de los hombres y las mujeres de entre veinte y treinta años y de más de cincuenta.

¿Qué hace la gente cuando no trabaja en una economía de mercado? Puede estar disfrutando de actividades de ocio, produciendo bienes y servicios en el hogar o trabajando en la economía sumergida y no declarando su renta. Existen abundantes pruebas de que algunas de las llamadas actividades europeas de ocio se dedican a lo que se denominan «labores domésticas». Piénsese, por ejemplo, en la preparación de la comida en casa en lugar de salir a comer fuera, en el cuidado de los hijos en casa en vez de llevarlos a una guardería y en la limpieza de la casa. Es difícil saber, desde luego, si la preparación de la comida es ocio o es trabajo y lo mismo ocurre con el cuidado de los hijos; probablemente tengan algo de las dos cosas. En algunos países europeos, especialmente en Italia, la economía sumergida mantiene ocupada a una parte de la población que no trabaja según las estadísticas oficiales. Eso es importante en el siguiente sentido. Imagínese que la diferencia entre Estados Unidos y Europa en lo que se refiere al tiempo de trabajo medido pudiera deberse a los europeos que trabajan en el hogar y en la economía sumergida. Eso daría al traste con la teoría de que lo que ocurre simplemente es que los europeos son más proclives a disfrutar del ocio. Podría ser que los europeos estuvieran trabajando en el hogar o en la economía sumergida para eludir impuestos y reglamentos, y que trabajasen menos productivamente, puesto que la productividad es mayor con la especialización del mercado. Por lo tanto, si resulta que los europeos no trabajan en el mercado porque trabajan en

Tabla 3.1. Diferencias entre las horas de trabajo de Francia, Alemania y el Reino Unido y las horas de trabajo de Estados Unidos.

		Proporción explicada de la diferencia entre las horas
Número total de horas semanales por persona		
Estados Unidos	25,3	
Francia	17,95	
Alemania	18,68	
Italia	16,68	
Estados Unidos-Francia	7,18	1,00
Estados Unidos-Alemania	6,45	1,00
Estados Unidos-Italia	8,45	1,00
Empleo/población, 15-64 años		
Estados Unidos	0,72	
Francia	0,64	
Alemania	0,66	
Italia	0,57	
Estados Unidos-Francia	0,08	0,36
Estados Unidos-Alemania	0,06	0,31
Estados Unidos-Italia	0,15	0,59
Semanas trabajadas al año		
Estados Unidos	46,16	
Francia	40,54	
Alemania	40,57	
Italia	40,99	
Estados Unidos-Francia	5,62	0,39
Estados Unidos-Alemania	5,59	0,44
Estados Unidos-Italia	5,17	0,29
Número habitual de horas semanales por trabajador		
Estados Unidos	39,39	
Francia	36,21	
Alemania	36,48	
Italia	37.42	
Estados Unidos-Francia	3,18	0,25
Estados Unidos-Alemania	2,91	0,26
Estados Unidos-Italia	1,97	0,13

Fuente: Alesina, Glaeser y Sacerdote (2004).

el hogar o en la economía sumergida, la productividad de la economía es menor. Aunque no está claro que las actividades domésticas siempre sean menos productivas que las actividades de mercado (puesto que la comida que se cocina en casa es más sana que la comida preparada de McDonald's), en el caso de la economía sumergida hay, desde luego, una pérdida de productividad. Sin embargo, aunque la producción doméstica y la economía sumergida tengan algo que ver con el hecho de que el número de horas oficialmente trabajadas sea menor en Europa, los europeos se toman realmente más vacaciones que los estadounidenses. Por ejemplo, en agosto no trabajan ni siquiera los parisinos ni los milaneses que trabajan en la economía sumergida.

La tabla 3.2 compara las posibilidades de ausentarse del trabajo en Estados Unidos y en Europa. Como muestra la tabla, un trabajador alemán representativo trabaja cinco semanas y media menos al año que un trabajador estadounidense. De esas cinco semanas y media, 4,8 se deben a que en Alemania los trabajadores tienen más vacaciones, a lo cual hay que añadir media semana más si el trabajador alemán decide decir que está enfermo y otra semana si decide ausentarse por algún motivo personal.

Entonces, ¿por qué deciden los europeos trabajar menos que los estadounidenses? Como ya hemos señalado, la primera razón que se nos ocurre son los impuestos. Los impuestos sobre la renta procedente del trabajo y, sobre todo, los tipos marginales han venido aumentando en Europa desde mediados de los años setenta, mucho más que en Estados Unidos. Es concebible que los europeos trabajen menos porque pagan demasiados impuestos: los impuestos altos pueden inducir a la gente a tomarse más ocio, a pasar a la economía sumergida que no paga impuestos o a producir bienes y servicios en el hogar.

El diagrama de puntos de la figura 3.2 muestra los impuestos marginales sobre la renta del trabajo y las horas trabajadas de algunos países de la OCDE, y la correlación parece estrecha. Es decir, cuando sube el tipo impositivo, el salario neto disminuye y la gente trabaja menos. En un artículo muy citado, Edward Prescott, premio Nobel de economía en 2004, afirmó que la diferencia entre las horas trabajadas de Estados Unidos y las de Europa puede atribuirse enteramente a los impuestos.

No cabe duda de que los impuestos tienen algo que ver con la propensión a trabajar en el mercado (en lugar de trabajar en casa, en la economía sumergida o de no trabajar), pero la cuestión es saber si los impuestos son la única o, al menos, la principal explicación de la diferencia entre Estados Unidos y Europa. La forma de estudiar esta relación es observar en cuánto reduce la gente sus horas de trabajo cuando suben los tipos impositivos. Concretamente, ¿cuántas personas más dejan de estar activos o reducen sus horas de trabajo cuando suben los tipos del impuesto sobre la renta?

Tabla 3.2. Distribución de un año de 52 semanas en semanas trabajadas y semanas no trabajadas

	Número anual de semanas trabajadas	Semanas de fiestas y vacaciones	Ausencias de una semana de duración por motivos no relacionados con las vacaciones	Ausencias más breves por motivos no relacionados con las vacaciones	Ausencias por enfermedad y por permiso de maternidad
Austria	39,5	7,3	2,6	0,4	2,3
Bélgica	40,3	7,1	2,2	0,5	2,0
Suiza	42,6	6,1	1,5	0,7	1,1
Alemania	40,6	7,8	1,8	0,3	1,5
Dinamarca	39,4	7,4	2,2	1,0	1,9
España	42,1	7,0	1,3	0,4	1,2
Finlandia	38,9	7,1	2,4	1,5	2,1
Francia	40,7	7,0	2,0	0,4	1,8
Grecia	44,6	6,7	0,3	0,2	0,2
Hungría	43,9	6,3	0,9	0,1	0,8
Irlanda	43,9	5,7	1,2	0,2	0,9
Italia	41,1	7,9	1,7	0,3	0,9
Luxemburgo	41,9	7,5	1,3	0,1	1,1
Países Bajos	39,6	7,6	2,0	0,8	2,0
Noruega	37,0	6,5	4,0	1,1	3,5
Polonia	43,5	6,2	1,2	0,3	0,9
Portugal	41,9	7,3	1,4	0,2	1,2
Suecia	36,0	6,9	3,8	1,7	3,7
Reino Unido	40,8	6,6	1,5	1,5	1,6
Estados Unidos	46,2	3,9	0,94		0,596

Fuente: Alesina, Glaeser y Sacerdote (2004). *Fuente original:* OECD Employment Outlook, 2004 (las estimaciones de las bajas por enfermedad y los permisos de maternidad se han ajustado suponiendo que hay una subdeclaración del 50 por ciento).
Nota: en el caso de los datos de Estados Unidos, calculamos las semanas de vacaciones y de enfermedad de las personas que son cabeza de familia y trabajan a tiempo completo según el PSID. Calculamos las semanas de fiestas utilizando los días de fiesta federales y bursátiles. Las demás ausencias no relacionadas con las vacaciones aparecen en el residuo.

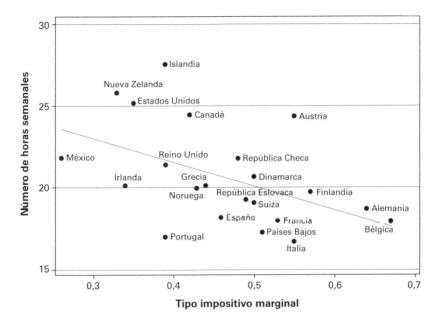

Figura 3.2. Disminución de las horas semanales trabajadas y aumento del tipo impositivo marginal. *Fuente:* Alesina, Glaeser y Sacerdote (2004).

Los economistas laborales han mostrado que el efecto sobre la oferta de trabajo de variaciones de los salarios después de impuestos es pequeña en el caso de los hombres y mayor en el de las mujeres. La explicación intuitiva es que en la mayoría de las familias el hombre sigue siendo el trabajador principal, por lo que tiene que trabajar «pase lo que pase». El trabajador secundario puede permitirse ser más sensible al tipo impositivo. Por ejemplo, una subida del impuesto marginal puede hacer que un trabajo a tiempo completo resulte menos atractivo, sobre todo si el coste es pagar una guardería cara. Así pues, la subida del tipo impositivo marginal puede explicar en parte la diferencia entre la participación de las mujeres francesas, alemanas e italianas en la población activa y la participación de las estadounidenses. Sin embargo, esta explicación de la diferencia de participación no es suficiente en el caso de los hombres.

Las diferencias en cuanto a los días de vacaciones y a las horas trabajadas en una semana normal se deben más bien a las normas legales y a los convenios colectivos que tienen muy poco que ver con los impuestos. Alrededor del 80 por ciento de la diferencia entre las horas de trabajo de un trabajador estadounidense y las de uno europeo puede atribuirse a diferencias entre los días obligatorios de vacaciones. Mientras que en Europa la normativa laboral establece que la duración mínima de las vacaciones es de cuatro semanas al año, en Estados Unidos no existe ninguna normativa al respecto. Además, como hemos mostrado en la figura 3.1, la disminución que ha experimentado el número de horas trabajadas desde principios de los años setenta presenta una tendencia razonablemente constante durante todo el periodo, mientras que las subidas de los impuestos están concentradas en la primera parte de las tres décadas siguientes. Por ejemplo, la semana de 35 horas se introdujo en Francia en 1999, no en un periodo de subida de los tipos impositivos.

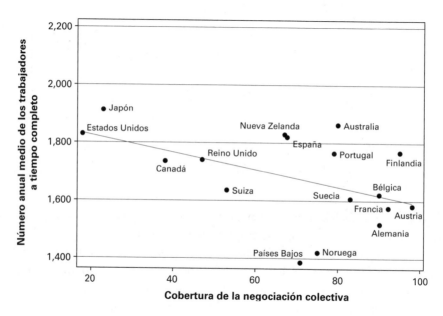

Figura 3.3. Porcentaje de horas trabajadas anualmente cubiertas por convenios colectivos. *Fuente:* Alesina, Glaeser y Sacerdote (2004).

La figura 3.3 muestra la estrecha correlación inversa que existe, en los países de la OCDE, entre la proporción de la población trabajadora a la que se aplican convenios colectivos y las horas trabajadas. Los datos de Estados Unidos son acordes con la importancia de los sindicatos en la determinación de la duración de las vacaciones. La figura 3.4 muestra la existencia de una correlación positiva entre el número de semanas de vacaciones y la densidad sindical en los estados de la Unión. También en Estados Unidos, los datos procedentes de encuestas indican que los trabajadores de sectores en los que los sindicatos son fuertes tienen más tiempo de vacaciones remuneradas.

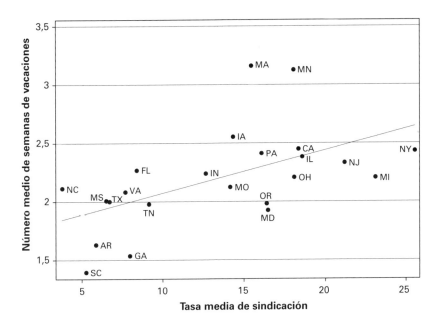

Figura 3.4. Duración media de las vacaciones en Estados Unidos en relación con la tasa de sindicación por estados; basada en datos del Bureau of Labor Statistics.
Fuente: Alesina, Glaeser y Sacerdote (2004).

En Europa, el número de horas trabajadas se ha reducido con el paso del tiempo, por lo que si las reglamentaciones laborales y el poder de los sindicatos fueran las responsables, su influencia no podría haberse mantenido tan constante a lo largo del tiempo. Históricamente, el poder de los sindicatos aumentó como consecuencia de la agitación política de finales de los años sesenta, de los disturbios de mayo de 1968 de Francia, del *autunno caldo* de 1969 de Italia, de la recesión y la agitación de principios de los años setenta, de los éxitos de la izquierda durante los años setenta en Italia y Alemania y a principios de los ochenta en Francia. De hecho, a partir de mediados de los años setenta, en un momento en que estaba aumentando el paro, el eslogan «Trabajar menos para trabajar todos» se gritó en muchas lenguas distintas en las manifestaciones sindicales europeas. En Francia, la reducción de las horas trabajadas fue el principal caballo de batalla entre sindicatos y empresarios en la década de 1970. Cuando el Gobierno izquierdista de François Mitterrand tomó posesión en 1981, el poder político se inclinó del lado de los sindicatos y se introdujo rápidamente la semana de 39 horas.

Parecía que los sindicatos creían (o al menos esa era su retórica) que una economía sólo puede ofrecer un número fijo de horas y éstas deben repartirse entre los trabajadores. Repartiendo esta cantidad de trabajo entre más personas, se podía reducir el paro. Trabajar menos para trabajar todos, ni más ni menos. Pero ¿por qué eligieron los sindicatos esta estrategia? Una de las explicaciones es que en respuesta a los problemas económicos de principios de los años setenta, los sindicatos lucharon por conservar su número de afiliados en las industrias en declive protegiéndolos del despido. Presionaron, pues, para que se adoptaran medidas de reparto del trabajo y exigieron al mismo tiempo el mismo salario a cambio de menos horas. La subida de los salarios por hora provocó un incremento de los costes laborales y, por lo tanto, una reducción de la demanda de trabajo, lo cual aumentó el paro y redujo aún más el número total de horas trabajadas.

Los sindicatos también tuvieron mucha influencia en el crecimiento de los sistemas de pensiones y en la reducción de la edad media de jubilación. Esta influencia fue especialmente significativa en Italia, donde la proporción de personas mayores (de más de 55 años) que está activa es especialmente baja. En algunos países, las generaciones más jóvenes permanecen más años estudiando, lo cual retrasa la entrada en la población activa. Esta tendencia también puede atribuirse a los sindicatos, ya que a menudo se han opuesto a los contratos de trabajo temporales y más flexibles que podrían ayudar a los trabajadores más jóvenes y menos cualificados a encontrar trabajo. ¿Por qué? La respuesta es sencilla. Los sindicatos son dirigidos por trabajadores mayores e incluso por jubilados. Tienen más interés en proteger a esos grupos, que afectan a sus propios intereses, que a cualquier colectivo de trabajadores más joven.

Por último, cuando las horas trabajadas comienzan a disminuir, el proceso cobra vida propia. Por cada cónyuge, familiar, amigo o compañero de trabajo que se toma más días de vacaciones, también se disfruta más de las vacaciones, ya que se pueden pasar esos días con el cónyuge, el familiar o el amigo. Cuando los amigos permanecían más tiempo estudiando o cuando podían tomarse seis semanas de vacaciones teniendo empleo, ellos también querían hacer lo mismo y exigían más días de vacaciones. Curiosamente, los datos sobre Alemania, recogidos por Jennifer Hunt, muestran que cuando un miembro de la familia conseguía un nuevo contrato con más días de vacaciones, la pareja también se tomaba más vacaciones. A los europeos les gusta pasar las vacaciones con la familia y los amigos.

Este fenómeno a menudo se conoce con el nombre de multiplicador social: cuando se disfruta más del ocio conforme mayor es el número de personas que se toman vacaciones, aumentan los incentivos de más personas para tomarse vacaciones, por lo que el número medio de horas trabajadas disminuye. Las actitudes culturales hacia el ocio evolucionan lenta pero inexorablemente, y cuando tener seis semanas de vacaciones se convierte en lo normal, se alcanza un nuevo equilibrio social del que es difícil dar marcha atrás. Lo mismo ocurre con la jubilación: cuando la jubilación de los hombres a los sesenta años se convierte en lo normal, los trabajadores que se aproximan a los sesenta no quieren continuar trabajando si ven que otras personas un poco mayores que ellos ya llevan varios años disfrutando de generosas pensiones.

Pero existen pruebas más obvias del hecho de que el ocio de otras personas aumenta el nuestro. Pensemos en la organización de los días de la semana y de los fines de semana. Desde el punto de vista de la eficiencia de la producción, tendría sentido que las fábricas funcionaran ininterrumpidamente los siete días de la semana. Los lugares de vacaciones no estarían abarrotados los fines de semana y vacíos el resto del tiempo. No obstante, todas las sociedades modernas están organizadas con fines de semana.

¿Es entonces la reducción de las horas de trabajo la causa de la lenta tasa de crecimiento que ha experimentado Europa continental en los diez últimos años aproximadamente en relación con la de Estados Unidos? La respuesta breve es que sí. Para dar una respuesta más elaborada hay que analizar la productividad del trabajo. A finales del siglo XIX, la mayor parte de Europa era más rica que Estados Unidos, aunque algunos países como Italia y España eran mucho más pobres. A principios de la década de 1950, después de dos guerras mundiales y de la inestabilidad económica y política de los años de entreguerras, la producción per cápita había disminuido en Europa a casi la mitad del nivel de Estados Unidos. En la década de 1960 y a un ritmo más lento en la de 1970, Europa recuperó parte del terreno perdido. Como señalamos en la introducción, a comienzos de los años ochenta la renta per cápita europea representaba un 75 por ciento de la estadounidense. Sin embargo, durante los 25 años siguientes no experimentó casi ningún aumento: la diferencia entre la producción per cápita de Europa y la de Estados Unidos siguió siendo de casi un 25 por ciento. En otras palabras, entre las décadas de 1950 y 1970 los europeos trabajaron más que los estadounidenses y fueron igual de productivos. También ganaron terreno. Entre mediados de los años setenta y mediados de los noventa, los europeos comenzaron a trabajar cada vez menos, pero el rápido crecimiento de su productividad por hora les permitió mantenerse en el mismo nivel que los laboriosos estadounidenses. En Estados Unidos, éstos fueron años de preocupación por el lento crecimiento de la productividad. Sin embargo, en los diez últimos años los estadounidenses han trabajado más que los europeos; su productividad también ha crecido a un ritmo más rápido. Como consecuencia, Europa está quedándose rezagada. Es evidente que si los europeos quieren seguir trabajando menos horas, ¡harían bien en empezar a ser aún más productivos cuando trabajan!

Aun así, los europeos están satisfechos y contentos con sus largas vacaciones, las jubilaciones anticipadas y las cortas semanas laborales. Bueno, se comportan, desde luego, como si lo estuvieran. Hasta ahora los intentos de aumentar las horas de trabajo se han encontrado con una fuerte resistencia. Por ejemplo, según una encuesta de opinión realizada hace unos años, los trabajadores alemanes trabajarían aún menos horas si se les diera la opción. En Estados Unidos, se observa justamente lo contrario: los estadounidenses se declaran encantados de trabajar más y ganar más si tienen la oportunidad. Así pues, en resumen, los europeos quieren trabajar menos y los estadounidenses están contentos de trabajar tanto como trabajan, cuando no de trabajar más. Curiosamente, existen indicios de que en algunos países europeos esta actitud está cambiando. Según las investigaciones realizadas por uno de nosotros (Giavazzi), los alemanes, a los que está comenzando a preocuparles la viabilidad del sistema de protección social, están dispuestos a aceptar una reducción de las vacaciones y a aumentar significativamente sus horas de trabajo.

¿Qué va a ser de los europeos si deciden trabajar cada vez menos, jubilarse antes, forzando así una subida de impuestos para financiar un Estado de bienestar caro, optando al mismo tiempo por medidas que disuaden la innovación e impiden que aumente la productividad? Serán cada vez más pobres en relación con las sociedades que trabajan más. Hasta que eso se comprenda bien… Europa, ¡disfruta de tus vacaciones!

4 SEGURIDAD DE EMPLEO, LEGISLACIÓN LABORAL Y 14 MILLONES DE PARADOS

En los quince estados miembros originales de la UE, actualmente hay 14 millones de parados. Muchos economistas creen que las rigideces del mercado de trabajo, como los costes del despido, las reglamentaciones impuestas por los sindicatos sobre la movilidad dentro de las empresas y las restricciones sobre las horas extraordinarias, reducen la flexibilidad con que los empresarios pueden utilizar la mano de obra y son una de las principales causas del paro europeo.

Pero eso es más o menos lo único sobre lo que existe unanimidad. En uno de los bandos, hay quienes creen que la falta de flexibilidad del mercado de trabajo es con mucho el problema más importante de Europa y la causa de su estancamiento relativo en comparación con Estados Unidos. En el otro bando, hay quienes creen que las rigideces del mercado de trabajo no aumentan el paro *per se*, pero interfieren en los ajustes macroeconómicos y, por lo tanto, permiten que el paro sea persistente. Las discrepancias son todavía mayores cuando de lo que se trata es de qué hacer con el paro. Uno de los bandos cree que las leyes que protegen el empleo deben eliminarse para que el mercado de trabajo se parezca a cualquier otro mercado. El otro defiende la idea más matizada de que la legislación de «estilo europeo» que protege a los trabajadores de los altibajos del mercado debe mantenerse, pero retocarse para reducir en lo posible las distorsiones y eliminar los incentivos para no trabajar. De hecho, como dijo en una ocasión Ronald Reagan, «¡el mejor programa de protección social es el empleo!».

Nosotros suscribimos esta última idea. Aunque las reglamentaciones del mercado de trabajo están estrechamente relacionadas con la creación del elevado y persistente paro europeo, es casi imposible desde el punto de vista político, e inapropiado desde el punto de vista económico, desmantelar todos los tipos de protección de los trabajadores. Desde el punto de vista económico, el seguro de desempleo anima a los individuos a participar en el mercado de trabajo y no en la economía sumergida, en la que no hay ningún seguro aunque no se paguen impuestos. Desde el punto de vista político, es impensable que la protección de los trabajadores pueda eliminarse sin más. La cuestión más inmediata es, pues, cómo reorganizar un sistema de leyes de protección de los trabajadores que no sea un obstáculo para el empleo, ni en el lado de la oferta (los trabajadores) ni en el de la demanda (las empresas), y ofrezca un seguro a los trabajadores sin aumentar continuamente el paro. ¿Cómo puede conseguirse eso?

Comencemos por los costes del despido. Si una empresa sabe que no puede despedir a los trabajadores improductivos, debe andarse con mucho cuidado a la hora de contratar. Procurará contratar menos trabajadores u optar por tecnologías que ahorren mano de obra, como hicieron muchas empresas europeas en las décadas de 1980 y 1990. Evidentemente, los trabajadores que tienen empleo son partidarios de que se mantengan los costes del despido, pero éstos perjudican a todos los que carecen de empleo, ya que tienen dificultades para encontrar trabajo. Recuérdese que la política de los sindicatos, a pesar de su retórica contra el paro, va encaminada a satisfacer las necesidades de los afiliados mayores que tienen empleo.

Un coste del despido especialmente pernicioso son los tribunales. De hecho, no se trata sólo de que la ley limite seriamente los despidos sino de que incluso cuando los empresarios la cumplen, los jueces intervienen frecuentemente y fallan a favor de los trabajadores. Por ejemplo, en Francia los jueces fallan normalmente en contra de cualquier despido que se justifique por la necesidad de mejorar la rentabilidad de la empresa. Es decir, el aumento de la eficiencia no se considera una justificación aceptable para reducir el empleo en una empresa. En Italia, cuando se trata de proteger a los trabajadores del despido, los tribunales, famosos por su lentitud, son de repente muy rápidos y eficientes y muchos trabajadores recuperan inmediatamente el empleo.

El despido debería ser una prerrogativa de todas las empresas. Hay dos clases de despido: el despido de un trabajador o de un pequeño grupo de trabajadores y el cierre de plantas o incluso de empresas enteras. El cierre de plantas es objeto de una gran atención en los medios de comunicación (y de reacción de los sindicatos), aunque en proporción a los flujos totales de empleo, son los despidos los que más contribuyen al paro. Las dos clases de despido son decisiones difíciles para los empresarios europeos. Los casos de absentismo o incluso de trabajadores poco honrados a los que no se puede despedir son frecuentes, y por cada trabajador absentista y poco honrado al que no se puede despedir, un trabajador joven, honrado y productivo se va al paro. En el otro caso, las amenazas de cierre de plantas generan inmediatamente un torrente de subvenciones y favores de las autoridades a los empresarios con el fin de sobornarlos para que no despidan a nadie. La consecuencia es, por supuesto, que se mantienen vivas empresas improductivas en lugar de liberar a los trabajadores para que sean recolocados en empresas o en sectores más productivos.

Eso no significa que los parados no deban estar protegidos y que el mercado de trabajo deba funcionar como el de cualquier otro bien. El paro causa a las familias una pérdida de ingresos, angustia y toda una variedad de problemas sociales. No cabe duda de que los parados deben disfrutar de un seguro y de que, como es difícil que el sector privado los asegure debidamente, debe intervenir el Estado. Sin embargo, los subsidios de paro no deberían disuadir de buscar empleo, como suele ocurrir actualmente, sino animar a buscarlo. Por ejemplo, los subsidios deben suspenderse si el parado rechaza una oferta de empleo o no hace ningún esfuerzo para buscar trabajo. El seguro de desempleo tampoco debe ser permanente ni tan generoso o durar tanto que sea preferible a trabajar: ha de ser únicamente un sistema de seguro contra los periodos temporales de paro.

La cuestión es, por supuesto, cómo financiar el seguro de desempleo. Una de las opciones es financiarlo con cargo a los ingresos generales del Estado, y ésta es la opción más frecuente. Dos economistas franceses, Olivier Blanchard, profesor del MIT, y Jean Tirole, profesor de la Universidad de Toulouse, han sugerido una ingeniosa alternativa. Han propuesto un «impuesto sobre los despidos»: las empresas podrían despedir a todos los trabajadores que quisieran, pero cada despido obligaría a pagar unas tasas y estos ingresos fiscales servirían para financiar en parte el gasto público en subsidios de paro. El razonamiento es el siguiente: si la sociedad carga con los costes del paro, los que contribuyen a crearlo deberían «internalizar» debidamente esos costes y pagar un impuesto por ello. En otras palabras, si la sociedad es la única que carga con los costes del paro, cualquier empresa puede «despedir más de la cuenta», puesto que sus trabajadores serán indemnizados sin coste alguno para ella. Evidentemente, los impuestos por despidos deberían ser de una cuantía tal que no fueran prohibitivos; de lo contrario, ¡volveríamos al problema del exceso de rigidez! Este sistema también eliminaría la ineficiente intervención de los jueces en el proceso de contratación y despido y todas (o casi todas) las reglamentaciones sobre despidos. Esta propuesta se ha presentado al Gobierno francés, pero se enfrenta a una férrea oposición. Uno de los argumentos en contra de ella es precisamente la supuesta superioridad de los magistrados para decidir cuándo puede despedir una empresa, un sistema que tiene muchos fallos.

Italia, hasta que se han introducido algunas reformas recientemente, tenía, junto con Francia, uno de los mercados de trabajo más ineficientes. Era casi imposible despedir a una persona por cualquier razón y, al mismo tiempo, no había subsidios de paro. ¡Exactamente lo contrario de lo que exigiría la eficiencia económica! Las reformas recientes del mercado de trabajo han introducido nuevos tipos de contratos de trabajo flexibles que son temporales y a los que puede ponerse término con mucha facilidad. Curiosamente, en Italia el paro ha venido disminuyendo en los últimos años (del 11 por ciento a mediados de la década de 1990 al 7,7 en 2005), a pesar del bajo crecimiento del PIB. Este aumento del empleo se ha debido en gran parte a estos nuevos contratos: por cada puesto de trabajo tradicional (es decir, por cada empleo indefinido sujeto a las viejas y rígidas normas) hay siete nuevos contratos temporales.

El problema de esta reforma se halla en que ha creado un sistema con dos clases de trabajadores: los que tienen contratos ordinarios superprotegidos y los que no están protegidos, que actualmente representan el 15 por ciento del empleo total. Estos últimos normalmente son trabajadores más jóvenes que más tarde tienen dificultades para acceder al primer tipo de contrato. Ahora bien, como estos contratos son temporales, los empresarios no tienen incentivos para formar a sus trabajadores, ya que eso implicaría conservarlos y pasarlos a la categoría de contratos inflexibles. Este sistema es imperfecto y probablemente responsable del descenso que ha experimentado recientemente la tasa de crecimiento de la productividad del trabajo en Italia.

Alemania también ha introducido reformas últimamente en el mercado de trabajo, movida por el extraordinario nivel de paro. En 2005, el número de personas que buscaban trabajo superó los cinco millones, la cifra más alta desde enero de 1933, justo antes de que Hitler tomara el poder. Eso significa una tasa nacional de paro del 12,1 por ciento, si bien la cifra es del 20,5 por ciento en la parte oriental y del 10 por ciento en la occidental. Las reformas adoptadas en 2005 pretenden animar a los parados a aceptar un empleo reduciendo la generosidad de las prestaciones por desempleo. Antes, las prestaciones íntegras (el 65 por ciento del salario neto anterior) podían durar hasta tres años; actualmente, duran como máximo 12 meses (18 en el caso de las personas de más de 55 años). A partir de ese momento, el parado percibe prestaciones asistenciales de mucha menor cuantía, siempre que sus ingresos no superen un determinado nivel. Eso significa que medio millón de solicitantes (de 2,1 millones que había antes de las reformas) ya no tendrá derecho a percibir ninguna prestación. Además, los parados se verán obligados a partir de ahora a aceptar cualquier trabajo, aunque no esté a la altura de sus expectativas y de su cualificación. Aún es demasiado pronto para saber si estas reformas conseguirán reducir el paro. Sí han producido un primer efecto: el canciller Schröder, que fue responsable de sacarlas adelante, fue desbancado pocos meses después de que se adoptara la reforma, y eso que había hecho una campaña basada en la reducción del ritmo de introducción de las reformas.

Los países nórdicos normalmente han obtenido mejores resultados y se han aproximado más a los sistemas económicamente eficientes antes esbozados. Tienen generosos subsidios de paro, pero bajos costes de despido. El resultado son unas tasas de paro mucho más bajas que las del resto de Europa y unas tasas de ocupación que figuran entre las más altas (véase la tabla 4.1).

Tabla 4.1. Tasas de paro y de ocupación, 2004

País	Tasa de paro	Tasa de ocupación 15-64 años
Australia	5,5	71,3
Austria	4,8	64,7
Bélgica	7,9	56,9
Canadá	7,2	72,0
Dinamarca	5,4	76,9
Finlandia	9,0	66,9
Francia	9,6	62,3
Alemania	9,5	65,7
Grecia	10,5	59,2
Irlanda	4,5	60,8
Italia	8,0	60,5
Japón	4,7	75,8
Países Bajos	4,6	64,8
Nueva Zelanda	3,9	72,3
Noruega	4,4	75,5
España	10,9	58,2
Suecia	6,4	78,0
Suiza	4,4	74,8
Reino Unido	4,7	72,5
Estados Unidos	5,5	72,8

Fuente: tasas normalizadas de paro de la OCDE en el caso de la tasa de paro y World Development Indicators en el de la población activa total, la población total y la población de 15 a 64 años.
Nota: la población total ocupada se ha obtenido multiplicando (100 − tasa de paro) por la población activa total.

El mejor ejemplo es el llamado modelo de «flexiguridad» adoptado por Dinamarca, el país europeo que tiene los costes de despido más bajos y el sistema más generoso de prestaciones por desempleo. Los parados reciben del Estado el 90 por ciento de sus ingresos medios en las 12 semanas anteriores a la pérdida del empleo (con un máximo a partir de un nivel dado). Y pueden estar hasta 4 años percibiendo estas prestaciones, o más si están próximos a la jubilación. Para poder percibirlas, basta con que hayan trabajado 52 semanas en los 3 años anteriores. Sin embargo, para seguir recibiendo estas generosas prestaciones, los parados daneses deben participar en programas de formación y aceptar cualquier puesto de trabajo que ofrezcan los servicios de empleo. La primera vez que rechacen una oferta de empleo, pierden las prestaciones. Y es fácil encontrar trabajo, justamente porque los costes de despido son bajos y las empresas pueden permitirse cometer un error. El resultado es una tasa de paro de alrededor de un 5,4 por ciento, muy inferior a la media de Europa continental.

¿Puede aplicarse fácilmente el modelo nórdico en cualquier sitio? La respuesta no es evidente. Dos economistas franceses, Yarn Algan y Pierre Cahuc, han mostrado que el éxito del modelo danés está relacionado en gran parte con el alto grado de honradez y de civismo de los daneses. Cuando esas características culturales están ausentes en otros países (especialmente en los mediterráneos), la aplicación de estos sistemas puede no tener tanto éxito.

En resumidas cuentas, el debate sobre las reformas de los mercados de trabajo europeos no debe plantearse como una elección entre no proteger a los trabajadores y la protección existente, cualquiera que sea ésta. Hay formas de conjugar la protección de los trabajadores y la eficiencia económica, reduciendo el alcance de los efectos perversos que produce en los incentivos. Pero si eso es así, ¿por qué a menudo es tan difícil llevar a cabo este tipo de reformas del mercado de trabajo que mejoran la eficiencia? Como siempre, y éste es un tema recurrente en el presente libro, porque una minoría de privilegiados a menudo tienen suficiente poder para bloquear dichas reformas. En este caso, son los sindicatos que están dirigidos por trabajadores mayores que tienen un empleo seguro y que, por lo tanto, se preocupan por la situación de estos trabajadores. La reducción de los costes de despido sería especialmente beneficiosa para las personas que entran por primera vez en el mercado de trabajo y, más en general, para todas las que no están activas. No favorecería a los trabajadores mayores a los que ahora sería más fácil despedir. ¿Por qué van a tener prioridad sus intereses sobre los de los jóvenes, los parados y los trabajadores desanimados que ya no buscan trabajo? Para nosotros es un misterio. A decir verdad, no es un misterio, es una indicación del éxito que han tenido los sindicatos y una demostración de la necesidad de poner coto a su influencia política.

Los sindicatos tienen, desde luego, un papel que desempeñar en una sociedad democrática. El problema estriba en que a menudo se exceden en su función de representar a los trabajadores ante los empresarios y abusan del sistema. En muchos países, los sindicatos han asumido un papel político. Participan en muchas mesas de negociación con el Gobierno y negocian directamente sobre la política económica. En algunos casos, de nuevo especialmente en los países nórdicos, han contribuido a lograr un consenso. Pero en otros países, la mayoría de las veces, han bloqueado reformas por razones que no parecían coincidir con los intereses generales de la sociedad. En muchas situaciones, si no se llega a un acuerdo, los sindicatos pueden bloquear la aplicación de una política. En 1994, una huelga general derribó en Italia a un Gobierno que estaba tratando de introducir una reforma en el sistema de pensiones sin el consentimiento de los sindicatos. Una de las disposiciones de esta reforma era elevar la edad de jubilación de los trabajadores que tenían derecho a jubilarse con las prestaciones íntegras a los cincuenta y cinco años. Como cabría esperar, este grupo de trabajadores era el que tenía más peso en los sindicatos. Francia tuvo que soportar en 2003 un mes de agitación social y de huelgas constantes cuando el Gobierno introdujo una reforma relativamente poco importante en el sistema de pensiones que suprimía algunos de los privilegios relacionados con la jubilación de que gozaban los funcionarios públicos.

Los gobiernos europeos deberían tener el coraje de hacer frente a los sindicatos que se comportan como grupos de presión y defienden a grupos de trabajadores relativamente privilegiados. Deberían desenmascarar la retórica que les gusta utilizar a los sindicatos sobre su supuesta defensa de los desfavorecidos. En los países en los que los sindicatos tienen poder para vetar las políticas de los gobiernos, no es de esperar que se avance mucho en las reformas.

5 LA TECNOLOGÍA, LA INVESTIGACIÓN Y LAS UNIVERSIDADES

¿Por qué habrían de interesarse los europeos por la innovación? ¿No podrían simplemente imitar los avances tecnológicos realizados en otras partes? Al fin y al cabo, el éxito de Japón y de Corea se ha debido casi por completo a su extraordinaria capacidad para imitar a Estados Unidos, e incluso Europa avanzó en la década de 1960 gracias en gran parte a la adopción de tecnologías desarrolladas al otro lado del Atlántico.

La imitación ya no es suficiente para Europa. La imitación da resultado cuando un país aún está muy lejos de la frontera tecnológica. Como muestran las investigaciones de Philippe Aghion, Daron Acemoglu y Fabrizio Zilibotti, los países que están muy alejados de la frontera pueden seguir una estrategia basada en la imitación, pero cuando están más cerca de la frontera tecnológica, tienen menos margen para imitar y adoptar las tecnologías que están bien establecidas. Es importante, pues, crear instituciones y adoptar medidas que aumenten la innovación.

Esta observación tiene importantes consecuencias para el debate europeo sobre la política industrial. Como muestran los ejemplos de Corea y de Japón, la imitación da buenos resultados cuando hay grandes empresas, un sistema financiero centrado en los bancos, unas relaciones a largo plazo, una lenta rotación de los directivos y un enfoque intervencionista del Estado. En Japón, el Ministerio de Comercio Internacional e Industria (MITI) desempeñó un papel crucial en la actividad industrial regulando las licencias de importación y el grado de competencia y fomentando la inversión de los *keiretsu*, grandes grupos de empresas industriales y bancos. En el caso coreano, los *chaebol*, grandes conglomerados dirigidos por familias, han sido importantes en la generación de grandes inversiones y un rápido desarrollo tecnológico. Los *chaebol* también recibieron gran-

des ayudas del Estado en forma de préstamos subvencionados, legislación antimonopolio favorable y protección frente la competencia.

En Europa, hay algunas analogías. Los administradores públicos franceses
formados en la École National d'Administration suelen abandonar la función
pública para dirigir grandes compañías en un circuito bastante cerrado a los de
fuera. El crecimiento que experimentó Italia en el periodo posterior a la Segunda
Guerra Mundial hasta finales de los años sesenta debe mucho al IRI, conglomerado industrial público que controlaba la mitad de las actividades industriales del
país y muchos de los mayores bancos y que engendró una generación de buenos
directivos. Eso contribuyó al éxito de Europa hasta la década de 1970. Hoy en
día, Europa se encuentra más cerca de la frontera tecnológica, donde la innovación es el factor crucial para el crecimiento, pero Europa está mal preparada
para innovar. Las propias instituciones que fueron responsables de los éxitos de
los años sesenta son hoy un obstáculo para su crecimiento.

Han cambiado incluso las condiciones necesarias para que la imitación tenga
éxito, suponiendo que Europa quiera seguir imitando. Actualmente, la proporción
de innovaciones radicales es mayor que la de innovaciones elementales. Para adop-
tarlas es preciso tener la capacidad necesaria para introducir grandes cambios en el
modo de organización de las empresas. Las innovaciones actuales de la TIC (tecnología de la información y las comunicaciones) son en cierto sentido similares a la
introducción del motor eléctrico en la industria textil a comienzos del siglo pasado.
Existían motores eléctricos desde la década de 1890, pero la nueva tecnología tardó casi treinta años en poder comenzar a aumentar la productividad. La razón
principal fueron los profundos cambios de la organización de las fábricas que el
motor eléctrico exigía y la resistencia de los sindicatos a aceptarlos. Como señalaremos en seguida, una gran diferencia entre las empresas estadounidenses y las europeas es la capacidad para transformar su organización lo suficientemente deprisa
para adaptarla a las nuevas tecnologías. Cuanto más tardan las empresas en adaptarse, más tarda la nueva tecnología en incrementar la productividad.

En la frontera tecnológica, los instrumentos vitales son, en primer lugar, la
existencia de excelentes universidades que tengan capacidad para atraer a los
mejores cerebros y, en segundo lugar, un entorno empresarial en el que haya
una gran cantidad de «destrucción creativa», es decir, un entorno en el que sea
posible cerrar las empresas caducas y sustituirlas por otras nuevas, ya que es
principalmente en las nuevas empresas en las que se desarrolla la tecnología.
Europa va a la zaga en ambos aspectos. Dejamos para el siguiente capítulo el
análisis de las causas por las que hay poca destrucción creativa: es esencialmente la falta de competencia y la existencia de demasiadas subvenciones públicas
lo que mantiene vivas a las empresas existentes y hace más difícil la entrada de

otras nuevas. Aquí centramos la atención en el desarrollo de la tecnología y en la capacidad para ponerla en práctica.

Estados Unidos tiene una clara ventaja en lo que se refiere a las empresas de alta tecnología. Su ventaja comparativa en las industrias de alta tecnología (aeronáutica, productos farmacéuticos, ordenadores, equipo de telecomunicaciones, instrumentos médicos y ópticos) ha aumentado en los quince últimos años. En Europa, el Reino Unido es el único que tiene una ventaja comparativa en los sectores de alta tecnología. Francia y Alemania están especializadas en industrias más tradicionales (productos químicos, automóviles y camiones, maquinaria eléctrica) y España e Italia en los sectores de baja tecnología (como los textiles, amenazados actualmente por China). Las universidades europeas, en lugar de competir por los mejores cerebros, se desviven por proteger a los de dentro. Europa acaba, pues, exportando a muchos de sus estudiantes más brillantes a Estados Unidos, mientras que los estudiantes más brillantes de la India y de Europa central y oriental sobrevuelan París rumbo a Boston, Chicago o California.

Pero el problema no es sólo que Europa vaya a la zaga en las industrias de alta tecnología. Cuando surge una nueva tecnología, las empresas deben ser capaces de aplicarla de tal manera que aumente su productividad. Es decir, las empresas deben ser lo suficientemente flexibles para ser capaces de adaptar sus planes de producción y de ventas. En Estados Unidos, las innovaciones tecnológicas de la década de 1990 llegaron después de diez años de reestructuraciones: las compras apalancadas de los años ochenta habían cambiado el estilo de las compañías estadounidenses. Las empresas compradas con deuda tuvieron que reducirse, reestructurarse, dividirse. Para eso eran necesarios unos ejecutivos fuertes y una cultura que no tuviera otro objetivo que la cuenta de resultados. La adaptación de las empresas a las nuevas tecnologías a menudo fue insignificante en comparación con todo por lo que habían tenido que pasar en la década de 1980. Los cambios fueron, pues, rápidos.

En la década de 1980, mientras los llamados bárbaros reestructuraban las compañías estadounidenses, las empresas europeas eran mimadas por el Estado con subvenciones y protección frente a la competencia extranjera. Los ejecutivos, al disfrutar de grandes rentas económicas, tenían pocas presiones para garantizar la eficiencia económica y la máxima productividad. En Europa, era raro encontrar ejecutivos tiránicos capaces de darle la vuelta a la organización de una empresa casi de la noche a la mañana. Las empresas europeas normalmente tenían una compleja estructura que propiciaba una dilatada búsqueda del consenso en la toma de decisiones. Un caso extremo era el de los consejos de supervisión de las grandes empresas alemanas en los que la mitad de los miembros eran representantes sindicales, evidentemente una estructura de gobierno difícilmente propicia para introducir cambios en la organización. Por ejemplo, en Volkswagen los accionistas tenían que sobornar a los representantes sindicales que había en el consejo de supervisión y ofrecerles viajes de lujo y pagarles otras formas de ocio para que aceptaran la introducción de cambios en las normas de trabajo. Aunque, como ha demostrado el caso Enron, los ejecutivos estadounidenses también pueden sucumbir a la codicia, la feroz competencia que existe entre ellos, debido a los sueldos extraordinariamente altos que perciben, garantiza que los errores se paguen caro, como mínimo con la pérdida del puesto de trabajo.

La liberalización también fue un factor importante en la pérdida de poder de los sindicatos en Estados Unidos. Como señalamos en el capítulo 4, los sindicatos a menudo protegen a los trabajadores que tienen empleo a costa de los parados. Las manifestaciones callejeras de los sindicatos contra los cierres de plantas o de fábricas siguen siendo frecuentes en Europa. En su defensa del empleo, pocos –y, desde luego, no los sindicatos de los trabajadores de dentro– están dispuestos a reconocer que los cierres y las reestructuraciones de plantas a menudo provocan un aumento del empleo total. Bien es verdad que el empleo aumenta después de un periodo de ajuste, pero podrían crearse programas de protección social para reducir estos costes. Así pues, actualmente Europa no sólo va a la zaga en el desarrollo de nuevas tecnologías sino que, además, no cuenta con un entorno que favorezca su adopción.

Pasemos a las universidades. En general, salvo contadas excepciones, las universidades europeas se basan en cuatro ideas equivocadas: son los contribuyentes, no los estudiantes y las ayudas y donaciones del sector privado, los que financian la universidad; los nombramientos del profesorado se rigen por contratos públicos; las leyes y los procedimientos universitarios están centralizados y no son muy flexibles; y los sueldos de los profesores son iguales, con el objetivo declarado más o menos claramente de igualar la calidad de la enseñanza y la investigación de las universidades.

Los europeos están comenzando a darse cuenta de que sus universidades están perdiendo influencia. No obstante, en Europa el debate sobre las universidades está lleno de falsas ideas que han llevado a seguir una política errónea. Como cabría esperar, los profesores europeos tienen incentivos para perpetuar los mitos sobre la falta de recursos. En Europa, el argumento que se oye habitualmente en las cenas entre académicos es que los sueldos son míseros y que no hay dinero para investigación. Ninguna de las dos cosas es cierta. Y aunque lo fueran, si se les diera más dinero sin cambiar las arcaicas normas universitarias, se produciría más despilfarro, no más investigación. En la Europa de hoy en día, el sistema universitario es principalmente un bastión de poder, prestigio y un montón de atrincherados grupos de presión formados por profesores universitarios que impiden la entrada de jóvenes con talento y, por lo tanto, la competencia.

Como muestra la tabla 5.1, algunos datos lo demuestran. Los datos proceden de la investigación de Roberto Perotti, profesor de la Universidad Bocconi, que compara las universidades italianas y las británicas. La comparación es especialmente útil porque se considera que las universidades británicas son las mejores de Europa y que las italianas se encuentran entre las peores y tienen menos recursos. Sin embargo, los gastos de los dos sistemas por alumno y por profesor son muy parecidos e incluso algo mayores en Italia. La distinción entre los estudiantes a tiempo completo y el número total de estudiantes es fundamental en Italia, que, a diferencia del Reino Unido, financia a un elevadísimo número de supuestos estudiantes que nunca asisten a clase, hacen uno o dos exámenes al año y siguen matriculados hasta cerca de los treinta años o más. Son básicamente parados ocultos. El gasto destinado al personal administrativo también es mucho más alto en las universidades italianas que en las del Reino Unido.

Tabla 5.1. Gasto público destinado a las universidades británicas e italianas en dólares americanos

	Reino Unido 1998–1999	**Italia 1999–2000**
Gasto en personal académico	138,977	162,532
Gasto en estudiantes	9,125	6,697
Gasto en estudiantes a tiempo completo	12,435	16,854
Gasto en personal no académico	45,394	57,962

Fuente: R. Perotti («The Italian university system: Rules vs. incentives», documento de trabajo, 2002).

La tabla 5.2 muestra el número de estudiantes por profesor y personal administrativo. Hay aproximadamente tantos estudiantes a tiempo completo por profesor en el Reino Unido como en Italia. El hecho de que las universidades británicas hagan más investigación no puede atribuirse, pues, a que los profesores italianos estén sobrecargados de trabajo por las tareas docentes o por el número de alumnos. Por lo tanto, el coste de la investigación que sale de las universidades británicas es mucho más bajo que el de las italianas.

Como muestra la tabla 5.3, un artículo académico le cuesta a la sociedad casi el doble en Italia que en el Reino Unido. Además, los profesores británicos son el doble de productivos que los italianos y son citados mucho más a menudo.

Es evidente que la falta de recursos no es la razón principal por la que las universidades europeas van a la zaga. Aun así, en Europa los debates sobre la investigación y las universidades normalmente comienzan con la petición de más fondos públicos para las universidades públicas. Tomemos el ejemplo de la recomendación del informe Sapir. Este influyente documento fue elaborado por un grupo de economistas europeos para la Comisión Europea y fue objeto de una gran atención. La ecuación implícita en la que se basa el argumento de la financiación es la siguiente: a más dinero, más investigación y mejor docencia. Pues no necesariamente. Mucho más importante es la reforma de la estructura de incentivos de los profesores y de los estudiantes para realizar buena investigación y buena docencia (en el último capítulo de este libro volveremos a referirnos al informe Sapir).

Tabla 5.2. Relación alumno-profesor en 1999

	Reino Unido	Italia
Estudiantes a tiempo completo por personal académico	11,0	11,2
Sin estudiantes de doctorado	9,3	10,4

Fuente: Perotti (20002).

Tabla 5.3. Coste de la investigación en Italia y en el Reino Unido

	Reino Unido	Italia
Artículos por cada millón de dólares americanos, 1997	16,0	9,0
Citas por cada millón de dólares americanos, 1997	70,5	34,0
Artículos por profesor, 1997	11,2	5,6
Citas por artículo, 1994–1998	4,5	3,8

Fuente: Perotti (2002).

La tendencia de Europa a igualar el sueldo y posición de los profesores y los investigadores reduce el incentivo para destacar. Si el único factor que aumenta el sueldo de un profesor es el paso del tiempo, ¿por qué va a hacer el profesor ese esfuerzo extra? Algunas investigaciones son caras, desde luego, y los mejores investigadores también lo son. Pero está comprobado que la competencia es el factor que puede redistribuir los recursos existentes y convertir unos resultados

mediocres en excelentes. Lograr la excelencia significa atraer financiación privada para la investigación y significará cobrar a los estudiantes y a su familia una
matrícula más alta, acorde con una educación mejor.

En Estados Unidos, la situación de la universidad es diferente. Tomemos el
caso de una persona doctorada en economía en Estados Unidos que está considerando la posibilidad de dedicarse a la universidad. Tiene de entrada una gran
incertidumbre. El primer sueldo, el de profesor ayudante, puede llegar a ser de
200.000 dólares si es contratado por la escuela de administración de empresas
que más paga y de sólo 60.000 si no encuentra nada más que un puesto de profesor en una pequeña universidad sin programa de doctorado. Cualquiera que sea
el puesto que acepte, si su productividad no varía y se limita a esperar, su sueldo
sólo aumentará marginalmente. Al final de su carrera, sólo ganará 1,5 veces más
que cuando comenzó siendo profesor ayudante. Consideremos, por el contrario,
el caso de un profesor universitario italiano. El sueldo es el mismo en todos los
primeros puestos de trabajo, bien es verdad que no tan alto. Pero una vez que se
entra en el sistema, simplemente con cruzarse de brazos y esperar, al final de la
carrera el sueldo es nada menos que 3,7 veces más alto que al principio. Perotti
calcula que, a los 60 años, el sueldo de un profesor italiano a tiempo completo es
–independientemente de su productividad– más alto que el del 80 por ciento de
los profesores permanentes de Estados Unidos que enseñan en universidades que
tienen programa de doctorado y que el del 95 por ciento de los que enseñan en
universidades sin programa de doctorado. ¡Menos mal que el sueldo era mísero!

La diferencia se encuentra en la estructura de incentivos. En Italia, no existe
de entrada ninguna incertidumbre, por lo que no hay ningún incentivo para
esforzarse. En cambio, en Estados Unidos al principio la incertidumbre es grande, al igual que los incentivos. En Italia, una vez que un profesor está dentro del
sistema, lo está para siempre. En el momento en que estamos escribiendo esto, ha
habido un intento de reformar el sistema italiano. Se ha propuesto una especie de
sistema de titularidad por el que los investigadores recién contratados se evaluarí-
an a los seis años de empezar a trabajar en la universidad. Sin embargo, la propuesta ha provocado una revuelta entre los investigadores actuales que exigen
seguridad de empleo desde el mismo momento en que fueron contratados.[1]

---

[1] No puedo resistirme a añadir que algunos departamentos de economía de universidades españolas hace unos años introdujeron, junto con algunos de los procedimientos que
más adelante proponen los autores, una evaluación continuada de sus profesores a lo largo
de los primeros años de sus carreras investigadoras, con unos resultados espectaculares. En
poco tiempo, España se ha convertido en una referencia europea de la investigación en economía. (N. del E.)

Pasemos ahora a examinar el coste de la enseñanza superior, nuestro segundo punto. En Europa, son los contribuyentes, no los estudiantes, los que financian la enseñanza universitaria. Este sistema es supuestamente más igualitario que el sistema de enseñanza superior de Estados Unidos, que muchos europeos menosprecian porque lo consideran elitista. Sin embargo, el sistema europeo produce menos investigación, peores estudiantes (sobre todo en el nivel de doctorado) y probablemente no es más igualitario que el sistema estadounidense. La financiación de los costes de la enseñanza universitaria por parte de los contribuyentes tal vez sea redistributiva, pero es una redistribución mal enfocada: los beneficiarios son casi siempre hijos de familias de renta relativamente alta. Lo mejor que puede decirse, y eso siendo generosos, es que el sistema es neutral en lo que se refiere a la redistribución, ya que los más ricos pagan más impuestos y utilizan más servicios universitarios. Hace varios años, uno de los autores de este libro dio en Helsinki un curso de una semana para un programa de doctorado europeo al que asistieron estudiantes de toda Europa. Participó un grupo de alumnos de doctorado de Dinamarca. El Estado danés (a saber, los contribuyentes daneses) financió su asistencia con alojamiento en un hotel de cuatro estrellas, el equivalente a 100 dólares americanos al día para gastos (esto era a principios de los años noventa) y viaje en clase preferente.

Este sistema, además de favorecer a los europeos pudientes, hace que sea casi imposible la supervivencia de las universidades privadas que se financian solas y esa quizá sea la razón por la que existen las universidades públicas: para perpetuar el monopolio del Estado sobre la educación superior. Consideremos, por el contrario, el sistema de Estados Unidos. Los estudiantes estadounidenses pagan su educación y, con una parte de estos ingresos por matrículas, las universidades financian becas para los estudiantes de familias pobres que mrecen ayuda. Ese sistema es como mínimo tan justo como el modelo europeo y probablemente más que un sistema en el que los contribuyentes financian a todo el mundo, incluidos los ricos. De hecho, las investigaciones recientes que comparan la educación de Estados Unidos con la de Italia consideran que la renta familiar es un determinante más importante del éxito de un estudiante (medido en poder adquisitivo) en la Italia «igualitarista» que en los Estados Unidos «elitistas». Lo que es interesante en el debate europeo es que las propuestas que se hacen para que los estudiantes paguen su matrícula (con becas para los menos pudientes) se considera automáticamente que favorecen a los ricos y son rechazadas tanto por los partidos de la derecha como por los de la izquierda como un anatema político. Incluso en Gran Bretaña, el paso dado por Tony Blair en este sentido casi le costó el puesto y fue en muchos aspectos una decisión más difícil que su apoyo a la guerra de Irak.

La observación de la firmeza con que los europeos apoyan el monopolio casi absoluto de la enseñanza pública en el nivel superior es una demostración de lo arraigado que está en Europa el sentimiento antimercado. El empleo de las palabras «competencia» y «educación» en una misma frase se considera en la mayoría de los círculos europeos no sólo erróneo sino también de mal gusto. En Estados Unidos coexisten, por el contrario, las universidades públicas y las privadas y compiten sin problemas. La Universidad de California en Berkeley es pública; la Universidad de Stanford, situada a una hora hacia el sur, es privada. Ambas son excelentes universidades. La competencia entre ellas funciona porque supone luchar por los mejores investigadores y los mejores estudiantes y ofrecer becas a los estudiantes que se lo merecen. Muy pocos europeos adivinarían que Berkeley es una universidad pública o que Stanford es privada, ya que parecen similares a todos los efectos: compiten por los mismos profesores, ofrecen salarios parecidos, cargas docentes similares y están organizadas de manera semejante.

En cambio, y esto se refiere a nuestro tercer punto anterior, en Europa la centralización y el control burocrático de las universidades a menudo han producido mediocridad. En las universidades europeas, los nombramientos de profesores casi siempre se rigen por complejos procesos en los que participan innumerables «jueces» elegidos en todo el país. Se supone que el objetivo de este proceso es garantizar que se nombra a los mejores. En realidad, estos jueces hacen que sea más fácil para los que ya están dentro nombrar a sus amigos en lugar de ser la calidad de la investigación y de la docencia la que determine a quién se contrata. Éste es un ejemplo clásico del viciado enfoque europeo sobre la regulación. Si el objetivo es garantizar la calidad, la estrategia obvia y contrastada es permitir la competencia. Los legisladores europeos, en lugar de defender la competencia, siguen tratando de mejorar sus universidades legislando nuevas normas que pretenden corregir los defectos de las leyes anteriores. Ésta no es la forma de mejorar.

Existen algunos datos sobre los efectos de la falta de competencia en un análisis de las oposiciones a profesor de economía en Italia realizado por Roberto Perotti, que muestra que el hecho de estar dentro del sistema casi siempre garantiza el éxito. Una persona de fuera necesitaría trece buenas publicaciones (con evaluación anónima) para compensar la ventaja que tiene una de dentro. Trece son muchas; en las últimas oposiciones italianas, el número medio de publicaciones de los opositores que ganaron una plaza fue de siete. Algunos países, como Francia, están cambiando su sistema invitando a profesores de otros países a participar en los comités de contratación y de promoción. Aunque se trata evidentemente de un paso en la buena dirección, puede acabar produciendo pocos resultados. Las mejores universidades estadounidenses realizan el proceso de contratación internamente y sólo recurren a profesores de fuera para tener una opinión experta sobre la calidad de la investigación de los candidatos. Lo que produce buenos nombramientos es la amenaza de que si los profesores son mediocres, será difícil atraer a buenos estudiantes y a grandes cantidades de dinero para la investigación. Es la competencia la que garantiza la calidad.

Los incentivos son, una vez más, fundamentales. En Europa, los sueldos no se diferencian en función de la productividad. Los bajos sueldos que perciben los profesores al comienzo de su carrera universitaria forman parte de un acuerdo implícito: a cambio de la baja remuneración, todo el que es contratado obtiene automáticamente la titularidad. No es necesario, pues, producir investigación de calidad. Además, como el sueldo es bajo, las autoridades universitarias hacen la vista gorda a la docencia floja y a la mala investigación y los departamentos no impiden que los profesores recorran el país obteniendo lucrativos trabajos de consultoría, lo que es un factor importante que impide centrar la atención de los profesores en la investigación. El resultado es una enseñanza mala, una pésima investigación y un profesorado absentista. Además, a medida que los profesores envejecen, sus sueldos universitarios suben y son bastante altos, por lo que muchos profesores mayores se quedan en la universidad como profesores absentistas, continúan haciendo trabajos de consultoría y sacan un sueldo muy aceptable.

En cambio, las universidades estadounidenses utilizan a menudo fuertes incentivos económicos y dan un tratamiento diferenciado a los profesores para recompensar la buena docencia y la buena investigación. El carácter privado de los contratos entre una universidad estadounidense y sus profesores crea una sana competencia por el talento y un mercado flexible y eficiente de científicos. No es, pues, infrecuente que en Estados Unidos un profesor joven y productivo gane más que colegas más mayores pero menos productivos.

No debería sorprender, pues, que actualmente en el profesorado de las universidades estadounidenses haya un número cada vez mayor de los mejores investigadores europeos. Lo que es sorprendente en Europa, teniendo en cuenta esta fuga de cerebros, es el poderoso grupo de presión formado por los profesores universitarios para bloquear toda reforma. Los profesores de economía a menudo pontifican entre ellos sobre los beneficios de la competencia en los mercados de productos, pero hacen estratégicamente la vista gorda a la falta absoluta de competencia en su propio mercado académico.

Carreras académicas aparte, ¿es cierta la afirmación de que en Europa no hay dinero para hacer investigación? El gasto total en investigación y desarrollo *es* menor en Europa que en Estados Unidos, pero no mucho menor. En la década de 1990, Estados Unidos dedicó a I+D el 2,8 por ciento de su PIB anual, mientras que las cifras fueron del 2,3 por ciento en Alemania, del 2 por ciento en el Reino Unido y del 1,9 por ciento en Francia. Los gobiernos europeos normalmente se quejan de la falta de recursos fiscales para financiar la I+D (un argumento inverosímil, dado el minúsculo peso del gasto de investigación en los sobredimensionados presupuestos europeos).

Otro mito es que las empresas innovadoras deben ser alimentadas y subvencionadas para que sobrevivan (véase el capítulo 7). Siempre que la Comisión Europea lo permite, los gobiernos europeos subvencionan a las empresas innovadoras o a las que creen que es más probable que inviertan en I+D. Sin embargo, es poco verosímil que esta estrategia estimule el sector europeo de la alta tecnología, ya que la debilidad de la I+D no es –al menos no principalmente– una cuestión de dinero. Europa va a la zaga de Estados Unidos en todos los aspectos: en el número de patentes, en el número de premios Nobel y en el número de investigadores que es capaz de atraer del resto del mundo. Contabilizando los premios Nobel por el país en el que realizaron la mayor parte de sus investigaciones y considerando únicamente los premiados en ciencias (medicina, química y física) desde 1945 hasta 2003, Estados Unidos tiene 193 galardonados, el Reino Unido 44, Alemania 23, Suiza 18, Francia y Suecia 10 cada uno, la antigua Unión Soviética 9 y Japón 7. La supremacía del sistema angloamericano es clara. Los datos sobre las patentes demuestran la ventaja de Estados Unidos: a finales de la década de 1990, el 56 por ciento de todas las patentes mundiales relacionadas con la alta tecnología se concedió a solicitantes estadounidenses y sólo el 11 por ciento a solicitantes de la UE. La relación entre la I+D y el crecimiento es demasiado obvia para dudar de que las débiles economías de Europa son una consecuencia directa del atraso europeo en el campo de la innovación.

La financiación no es más que una parte del problema. Un euro gastado en investigación en Europa es menos productivo que un dólar gastado en Estados Unidos por dos razones: los incentivos y la demanda de tecnología. Hemos analizado los incentivos en el ámbito del mundo académico. Pero la procedencia de la demanda de ciencia también es un factor importante a la hora de determinar los incentivos adecuados. La demanda de tecnología ayuda a decidir los temas de investigación, fija los plazos de entrega, selecciona la producción y permite que las patentes se valoren a precios de mercado. Sin los incentivos que dan los que están en el extremo receptor, la investigación corre el riesgo de avanzar sin rumbo fijo. Bien es verdad que eso no es cierto en todos los campos: el estudio de los códices de la antigua Grecia es valioso aunque apenas satisfaga ninguna demanda. Pero ha sido importante en algunos campos teóricos y aplicados que han favorecido el desarrollo de tecnologías en la física, la biología, la química y la ingeniería.

El gasto destinado a defensa es un factor importante en la demanda de investigación. La mayoría de los avances tecnológicos que se realizaron en el periodo posterior a la Segunda Guerra Mundial –desde los microchips hasta Internet pasando por las nuevas baterías de los teléfonos móviles (desarrolladas por el ejército de Estados Unidos en Irak)– tenían, al menos al principio, una aplicación militar. No fue barato conseguir los teléfonos móviles, el localizador por satélite y las cámaras de alta resolución, pero afortunadamente para las industrias que los utilizan, los costes de su desarrollo fueron financiados por el Estado norteamericano.

La superioridad de Estados Unidos en la investigación se debe en gran parte al volumen y la composición del gasto que destina a defensa. El presupuesto del Pentágono no es simplemente grande: representa más de la mitad de *todo* el gasto público de Estados Unidos en investigación y desarrollo. Los presupuestos europeos dedicados a defensa son muy pequeños en comparación y están divididos. La incapacidad de Europa para crear, hasta hace muy poco, un presupuesto unificado de defensa es otra razón importante de que vaya por detrás de Estados Unidos en I+D. En 2001 hubo, sin embargo, un primer indicio positivo. En respuesta a un conflicto permanente entre Europa y Estados Unidos sobre la elección del avión de transporte militar –que va a utilizar la nueva fuerza de reacción rápida europea compuesta por 60.000 soldados– se logró un importante hito. Aunque Estados Unidos presionó a Europa para que optara por un avión construido por Boeing y Lockheed Martin, las industrias aeroespaciales de la OTAN europea crearon una sociedad para lanzar el Airbus Military A-400 M. El contrato firmado en mayo de 2003 entre Airbus Military y OCCAR (Organisation Conjointe de Coopération en Matière d'Armement) para la fabricación de un total de 180 aviones incluía representantes de Bélgica, Francia, Alemania, Luxemburgo, España, Turquía y el Reino Unido. El primer vuelo del A-400 M se está previsto que se realice en 2008 y la primera entrega en 2009.

En suma, los debates de Europa sobre la investigación y las universidades casi siempre comienzan (y acaban) con una petición de más fondos públicos. No debería ser así. Es mucho más importante la reforma de la estructura de incentivos de las universidades europeas y del sector privado para desarrollar nuevas tecnologías. Y por lo que se refiere a la contratación de educadores y de investigadores, la forma de garantizar este progreso es aumentar la competencia en lugar de aumentar la ayuda económica con recursos públicos.

6 LA COMPETENCIA, LA INNOVACIÓN Y EL MITO DE LOS CAMPEONES NACIONALES

En Europa, las empresas ya existentes disfrutan de grandes rentas. Raras veces cierran y las que quieren entrar se enfrentan a unas barreras importantes. Es decir, muchas empresas ineficientes no se ven forzadas a cerrar y, por esta razón, se crean muy pocas empresas eficientes para sustituirlas. Como consecuencia, no se innova lo suficiente y no hay «destrucción creativa», mediante la cual la desaparición natural de las empresas menos eficientes deja sitio a las más eficientes.

Los gobiernos europeos, en lugar de fomentar la destrucción creativa, conceden subvenciones públicas a las empresas ya existentes en la falsa creencia de que las ayudas públicas a las empresas promueven la innovación. Baste recordar que una de las primeras decisiones económicas de la canciller alemana Angela Merkel fue gastar 25 millones de euros en subvenciones a empresas y en inversión en infraestructura con la esperanza de que eso iba a estimular la innovación y el crecimiento.

Recordemos el caso de IBM en los años setenta. Fue la amenaza que representaba el éxito de Apple lo que convenció a IBM de que debía acelerar la introducción del ordenador personal. Como Apple pudo entrar en el mercado y el Gobierno de Estados Unidos no subvencionó a IBM, el PC de IBM se puso a la venta unos pocos años más tarde.

Hay tres buenas razones por las que Europa carece de destrucción creativa. Las *reglamentaciones* que crean grandes rentas y encarecen la entrada de empresas

Algunas de las ideas de este capítulo proceden de O. Blanchard y F. Giavazzi, «Macroeconomic effects of regulation and deregulation in goods and labor markets», *Quarterly Journal of Economics*, agosto, 2003.

más eficientes, *las subvenciones públicas a las empresas ya existentes y la debilidad de las instituciones de defensa de la competencia.* En una palabra, la falta de competencia.

Comenzamos con un ejemplo menor pero revelador de cómo la regulación distorsiona los incentivos. Los taxistas son personas relativamente acomodadas en muchas ciudades europeas, en las que una carrera en taxi cuesta mucho más que en Nueva York. El hecho de que la gasolina cueste menos en Estados Unidos (debido a que los impuestos sobre la gasolina son más bajos) es una parte pequeña del problema. La verdadera razón se halla en que el número de licencias está estrictamente controlado. Aunque también lo está en la mayoría de las ciudades de Estados Unidos, los taxistas de muchas ciudades europeas han conseguido reglamentaciones más rigurosas que prohíben la explotación de automóviles y de furgonetas sin licencia (por ejemplo, un taxista que tiene una licencia a menudo no puede contratar a otro taxista, por lo que el taxi permanece la mitad del tiempo en el garaje). Al estar bloqueada la entrada en el mercado, los dueños de licencias tienen pocas presiones para mantener bajas las tarifas y las autoridades responsables de asignar las licencias están bien situadas para recibir votos o sobornos. En suma, la regulación estimula lo que los economistas llaman conducta de captación de rentas: el taxista y el responsable de conceder las licencias reciben primas (rentas) inmerecidas únicamente porque pueden explotar su dominio del mercado, no porque sean más productivos.

Las normativas urbanísticas son otro ejemplo de regulación. En Europa, impiden la creación de grandes centros de distribución. En la distribución de productos alimenticios, los grandes establecimientos representan solamente el 20 por ciento de todos los comercios en Italia y el 25 por ciento en Alemania, mientras que la cifra es del 60 por ciento en Gran Bretaña (ésta es un área en la que Francia, con una proporción de grandes establecimientos del 53 por ciento, está más cerca de Gran Bretaña que de Alemania y de Italia). Estas reglamentaciones, alegando que protegen el medio ambiente y la tradición de las ciudades europeas, en realidad protegen a los ricos a costa de los pobres y permiten a los pequeños comerciantes seguir obteniendo grandes rentas. Aunque proteger la tradición y la belleza arquitectónica de las ciudades europeas es un objetivo encomiable por muchas razones (incluido el turismo), Europa difícilmente necesita que el 70 por ciento de comercio al por menor esté en manos de pequeños comerciantes para lograr este objetivo. Pero, naturalmente, ¡los pequeños comerciantes quieren que la gente se lo crea!

Los pequeños comerciantes parecen, además, los niños mimados de los políticos europeos y se las han arreglado para despertar una gran simpatía entre la gente, a pesar de sus altos precios en comparación con los de los hipermercados. En muchos lugares, el horario de apertura del comercio está rigurosamente regulado para impedir otro margen de competencia. Incluso en aquellos países en los que se han suprimido estas reglamentaciones, sobreviven, quizá por costumbre, pero es más probable que sea porque los comerciantes coluden. Trate el lector de comprar a la hora de comer en la mayoría de las ciudades europeas, salvo en los grandes centros turísticos: se encontrará con que todos los comerciantes están comiendo. Los trabajadores que quieren comprar durante la pausa para comer no están de suerte. ¿Tiene que ir al banco el sábado por la mañana? Olvídese. Los bancos están cerrados los sábados y el resto de los días de la semana sólo abren hasta las 3 o las 4 de la tarde. ¿Necesita comprar un periódico en Milán el domingo por la tarde? Todos los kioscos están cerrados y los dueños de los periódicos no piensan instalar pequeños contenedores de metal en las esquinas de las calles para que la gente compre el periódico cuando le apetezca. El grupo de presión de los propietarios de kioscos podría protestar. Si es una persona mayor y resulta que se pone enferma el fin de semana, el único sitio que puede venderle una aspirina es una farmacia, pero una vez más los fines de semana sólo abren algunas farmacias. Acabará pagando, pues, una renta a dos personas, una al farmacéutico y otra al taxista que lo lleve hasta la lejana farmacia.

Otro ejemplo es el de las rentas que obtienen los notarios. Trate de comprar un automóvil usado en un país europeo. En la mayoría de los países europeos, si cree que una vez que ha sobrevivido al vendedor de automóviles usados, está todo resuelto, se equivoca. Lo siguiente que tiene que hacer es guardar cola durante un par de horas y pagar una renta a la única persona autorizada para legalizar esta transacción, un notario. En Europa, los notarios son tan omnipresentes como los abogados en Estados Unidos, pero hay una sutil diferencia. En Estados Unidos, se puede comprar una casa a un hermano y, si uno se fía de él, asumir el riesgo y hacer la transacción sin un abogado; en Europa, no. En Europa es obligatorio pasar por un notario. Además, la entrada en el negocio de las notarías está restringida, por lo que hay muy pocos notarios y pueden cobrar unas elevadas minutas.

Las subvenciones son otra de las sutiles vías a través de las cuales los gobiernos restringen la competencia. En 2004, el Gobierno francés trató de evitar que Alstom se hundiera. El autoproclamado «liberal» Sarkozy maquinó esta operación. Alstom es un gran conglomerado que desarrolló algunos productos de alta tecnología que tuvieron mucho éxito, entre los que se encuentran el TGV, el tren francés de alta velocidad, pero estaba al borde de la quiebra después de haber perdido 3.500 millones de euros entre 2001 y 2004. Las pérdidas procedían principalmente de plantas anticuadas (construcción naval y sistemas de generación de electricidad) situadas al norte de Francia que, por razones políticas, era imposible cerrar. La solución lógica era disolver la empresa: vender el rentable TGV y cerrar las plantas que no eran rentables. El dinero de los contribuyentes franceses podía gastarse mejor en ayudas temporales a los trabajadores desplazados que en subvenciones para mantener activas las plantas no rentables. Eso no es lo que ocurrió: se mantuvo a flote toda la compañía con ayudas públicas. En abril de 2006, el Estado cedió su participación en Alstom (¡sorpresa!) a un grupo francés, Bouygues. El coste que ha tenido para Francia no ha sido únicamente la ineficiencia que supone mantener activas plantas que deberían haberse cerrado; el coste adicional es que resulta difícil saber si las plantas rentables lo son realmente o si generan beneficios únicamente porque algunas subvenciones se lo permiten. La existencia de subvenciones crea confusión en la percepción del mercado y dificulta la entrada de competidores que podrían ser rentables.

La tabla 6.1 enumera los intentos franceses de crear empresas «campeonas nacionales» en tecnología. Las subvenciones consistían no sólo en las ayudas públicas directas que aparecen en la tabla, sino también en contratos y programas públicos destinados a impedir la competencia de las empresas extranjeras. Los datos de la tabla no llegan más que hasta 1990, pero no así los programas. EDF, el monopolio francés de la electricidad, ha explotado recientemente su privilegiada posición en Francia (debido a la ventaja de la que disfrutaba por haber instalado reactores nucleares hace treinta años) para comprar centrales de energía por toda Europa, entre ellas la London Electricity y Edison, la segunda mayor generadora de Italia.

¿Quién se embolsa las rentas cuando no hay competencia? Las rentas se reparten a menudo entre cuatro entidades: los propietarios de la empresa, los directivos y los trabajadores y, a veces, los políticos o los funcionarios que tienen potestad para conceder licencias. Como cabría esperar, las cuatro coluden para proteger de la competencia la parte que les corresponde de esas rentas. Por ejemplo, en los sectores del gas y la electricidad, los sindicatos son los que más se oponen a la apertura de estos sectores a la competencia.

Los costes que impone la falta de competencia van más allá de la ineficiencia creada en el mercado de productos. Por ejemplo, distorsionan los incentivos de los empresarios, induciéndolos a pasarse a sectores que están protegidos y producen grandes rentas fáciles de capturar, y a abandonar los proyectos más arriesgados. Consideremos el caso de Benetton, la conocida empresa textil italiana. Hace años, Benetton era una empresa innovadora, que había conquistado el mercado mundial con una astuta idea empresarial: fabricar todas las sudaderas en gris y no teñirlas hasta que llegaba un pedido de las tiendas. Cuando termina una temporada, las empresas tradicionales normalmente desechan la mitad de su producción, pero Benetton podía mantener una sudadera en stock durante varios años. Pero ocurrió que el Gobierno italiano decidió privatizar las autopistas. Para atraer a los inversores, hizo una jugosa oferta comprometiéndose a aceptar que cobraran unos peajes relativamente altos. La sagaz familia Benetton vio la posibilidad de ganar fácilmente mucho dinero y se pasó en seguida de los textiles a la gestión de las autopistas. Dejar los textiles era lo que tenía que hacer una empresa situada en un país industrializado. Pero esos sagaces empresarios, en lugar de utilizar su ingenio para desarrollar una nueva idea empresarial, ahora lo utilizan para presionar a los políticos y asegurarse de que los peajes se mantienen altos.

Tabla 6.1. Ayudas públicas a los «campeones nacionales» franceses, 1960–1990

Nombre del programa	Fecha de inicio	Área de I+D	Nombre de la empresa	Ayuda pública
Concorde	1962	Equipo electrónico de vuelo	Aérospatiale	3.900 millones de euros entre 1970 y 1990
Plan Calcul	1996	Ordenadores	UNIDATA e Bull	8.000 millones de euros
Nucléaire civil	1968	Nuclear	CEA, EDF	n.d.
Airbus	1969	Aerospacial	Aérospatiale e Airbus	3.000 millones de euros al comienzo
Spatial	1973	Misil Ariane	Aérospatiale e Air Liquide	n.d.
Réacteurs	1973	Motores para Airbus	CFMSG	n.d.
Train à Grande Vitesse	1974	Trenes de alta velocidad	Alstom	2.100 millones de euros para la primera línea de TGV
Minitel	1978	Teléfonos	France Telecom	1.200 millones de euros para PTT
Plan composants	1989	Microchips	Thomson, diventata ST Microelectronics	

Fuente: datos procedentes de un informe realizado para el Gobierno francés por J.-L. Beffa (*Pour une nouvelle politique industrielle*, París, 2005).

En resumidas cuentas, la falta de competencia produce muy poca destrucción de empresas ineficientes y muy poca creación de nuevas empresas. Los estudiosos de la innovación han observado que las subvenciones reducen el ritmo de innovación en lugar de acelerarlo. El crecimiento de la productividad surge de la destrucción de lo viejo y de la creación de lo nuevo. La concesión de subvenciones a empresas ya existentes para investigación y desarrollo no genera innovación sino rentas. Piénsese en el caso de Fiat. Durante cincuenta años, el Gobierno italiano gastó muchos puntos del PIB en subvencionar su I+D. Pero Fiat, en lugar de emplear el dinero para innovar, decidió diversificar. Compró compañías de seguros y empresas de energía, actividades todas ellas bien protegidas. Entretanto, sus competidores se dedicaron a mejorar la calidad de sus automóviles, por lo que un buen día los directivos de Fiat se encontraron con que habían perdido su cuota de mercado y que la quiebra estaba a la vuelta de la esquina.

La Comisión Europea ha publicado recientemente un documento sobre la falsa idea de que la ayuda pública es la manera de fomentar la innovación. «La investigación y la innovación generalmente florecen mejor en mercados abiertos y competitivos. Sin embargo, los fallos del mercado pueden impedir que se alcancen unos niveles óptimos de investigación y de innovación. La ayuda pública puede corregir los fallos del mercado, modificar los incentivos de los que participan en él y facilitar así la investigación y la innovación. Aunque las normas existentes ya ofrecen muchas posibilidades a los estados miembros para apoyar la investigación y la innovación a través de la ayuda estatal, la Comisión ha anunciado que revisará sus normas para reflejar mejor las prioridades de la Comunidad y la necesidad de disponer de un sistema más favorable a la investigación y la innovación.» Gunter Verheugen, comisario para la industria y vicepresidente de la comisión Barroso, se apresuró a añadir, además, que en el caso de los «campeones europeos» las normas relativas a la defensa de la competencia y a las ayudas públicas deben aplicarse con cautela. Se está animando, pues, a los gobiernos a intervenir promocionando grandiosos proyectos de política industrial.

Siguiendo la sugerencia de un comité presidido por Jean Louis Beffa, director general de Saint Gobain, Francia creó una *Agence pour l'Innovation* cuyo fin es financiar los «proyectos industriales del futuro», gracias a una ayuda pública de 6.000 millones de euros. Dentro del dirigismo tradicional de la administración francesa, se supone que esta agencia debe seleccionar a empresas ya existentes y encomendarles la tarea de desarrollar nuevos proyectos en los campos que decidan los burócratas que dirigirán la *Agence*. Esta estrategia fracasará con toda seguridad. No hay más que recordar lo que ocurrió hace veinte años cuando París decidió convertir el banco francés Crédit Lyonnais en la mayor institución financiera del mundo fuera de Japón. El plan fracasó, el banco tuvo que ser rescatado y el contribuyente tuvo que pagar una factura que representaba unos cuantos puntos porcentuales del PIB de Francia. El intento de crear un campeón informático francés, subvencionando a la empresa Bull, sigue en marcha y nadie ha sumado aún las facturas; la última, del verano de 2004, fue de 500 millones de euros.

En este momento, los europeos y especialmente los franceses señalan el éxito de Airbus y de los trenes franceses de alta velocidad, TGV. La compañía Airbus ha sido un éxito y ha conseguido una cuota de mercado comparable a la de Boeing, aunque en los últimos años ha pasado por muchas dificultades. ¿Pero cuánto han tenido que pagar los contribuyentes europeos en los cuarenta años que han transcurrido desde que se creó la compañía? Nadie lo sabe realmente. Lo que sabemos es que el plan de Airbus de construir el Superjumbo A380 costará 12.000 millones de euros. Es improbable que llegue a recuperarse alguna vez la ayuda pública que financiará este proyecto. A un precio por avión de 200 millones de euros y suponiendo que el margen sobre los costes variables sea de un 15 por ciento (y que el tipo de interés sea cero), Airbus tendría que vender 360 aviones para recuperar la ayuda, algo improbable si se tiene en cuenta que en treinta y cinco años Boeing sólo ha vendido 1.400 aviones Boeing 747. Tendría que aumentar enormemente el número de pasajeros, lo cual no es imposible si mil millones o más de chinos e indios se hacen suficientemente ricos. Pero lo importante es que Airbus es un caso excepcional. La industria aeronáutica es la única en la que las economías de escala son tan grandes que Europa y Estados Unidos sólo pueden financiar cada uno a una única empresa. Cuando eso ocurre, los gobiernos no pueden resistirse a la perversa tentación de subvencionar la producción –ya que el Gobierno de Estados Unidos también subvenciona a Boeing– para influir en el resultado del juego competitivo y desviar las rentas a favor de la empresa nacional. La fabricación de aviones es, repetimos, un caso excepcional.

Recuérdese nuestro análisis de la tecnología y la innovación del capítulo 5, en el que comparamos los modelos de crecimiento basados en la imitación y la innovación y explicamos por qué la imitación fue un buen modelo para Europa durante las décadas de 1960 y 1970, pero ya no da resultado. Los trenes y los aviones de pasajeros son tecnologías relativamente consolidadas. Son en cierto sentido los últimos ejemplos de los campos en los que los europeos eran buenos en las décadas de 1960 y 1970: la adaptación y la mejora de tecnologías desarrolladas en otros países, y en Estados Unidos en particular. Airbus, al igual que Toyota, que adaptó tecnología estadounidense y acabó convirtiéndose en el fabricante de automóviles mayor y más próspero del mundo, comenzó imitando a Boeing y a McDonnell Douglas y acabó superando a ambas compañías. Una vez más, éste es un caso de excelente imitación más que de innovación. Sería interesante saber qué parte de la tecnología electrónica e informática que lleva un Airbus (que son probablemente los componentes más innovadores de un avión) es europea y cuál es comprada en Estados Unidos.

Las ineficiencias que crea la falta de competencia en los mercados de productos y de servicios repercuten en el mercado de trabajo. Allí donde una empresa obtiene grandes rentas, los sindicatos tienen incentivos para pelear denodadamente y hacerse con una parte de esas rentas. Como muestra la figura 6.1, existe una estrecha correlación positiva en los distintos países entre el grado de competencia existente en el mercado de productos y el grado en que la legislación protege a los trabajadores y aumenta así su poder en las negociaciones con las empresas. La negociación de los salarios es principalmente una negociación sobre la distribución de las rentas entre la empresa y sus trabajadores. En una industria competitiva, en la que no hay rentas, hay poco que extraer en la negociación de los salarios y, por lo tanto, los sindicatos tienen menos incentivos para negociar.

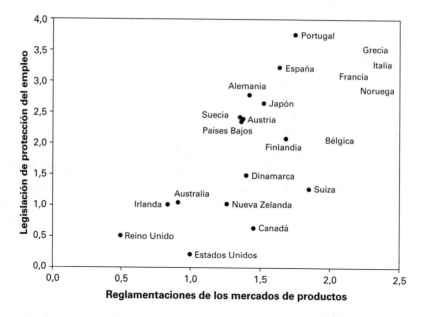

Figura 6.1. Regulación de los mercados de productos y legislación de protección del empleo. *Fuente:* G. Nicoletti, S. Scarpetta y O. Boylaud («Summary indicators of product market regulation with an extension to employment protection legislation», OECD Economics Department, documento de trabajo 226, 1999).

La lección es que hay una forma adicional y más sutil de introducir flexibilidad en los mercados de trabajo europeos, además de la forma directa que examinamos en el capítulo 4. Para liberalizar el mercado de trabajo se podría comenzar por el mercado de productos y eliminar las rentas. Examinemos el sector del transporte ferroviario, cuyo mercado laboral, en la mayoría de los países europeos, está gestionado por los sindicatos. La ausencia de competencia produce grandes rentas de las que se apropian enteramente los trabajadores. Las rentas no se traducen totalmente en unos salarios elevados. Una gran parte se traduce en una reducción de las horas de trabajo, un entorno de trabajo relajado y otras ventajas. Atacar a estos sindicatos no es viable. Los sindicatos paran los trenes, por lo que la mayoría de los gobiernos renunciarán cuando se encuentren ante una revuelta de los ciudadanos. Una alternativa es dejar que las vías también sean utilizadas por empresas privadas. Aunque eso no le hará ninguna gracia a los sindicatos, tal vez sea posible construir una coalición favorable a esta política entre los usuarios –que tendrán más opciones– y los trabajadores –que tendrán nuevos puestos de trabajo en las nuevas companías.

En suma, la ausencia de competencia en los mercados de bienes y de servicios repercute en el problema de la falta de flexibilidad del mercado de trabajo, por lo que las dos cuestiones están más interrelacionadas de lo que suele reconocerse. Las reformas simultánea de los mercados de productos y de trabajo tendrían una considerables sinergias, desde el punto de vista tanto económico como político. Puede, además, que sea más fácil desde el punto de vista político conseguir que se apruebe un programa de reformas de los mercados de trabajo y de productos que dos reformas independientes.

7 GRUPOS DE INTERESES CONTRARIOS A LA LIBERALIZACIÓN

Europa carece de una fuerte tradición de organismos reguladores independientes, justamente porque los políticos europeos piensan que ellos pueden arreglar la mayoría de los problemas industriales. Los organismos reguladores independientes, suficientemente poderosos para resistir las presiones de los gobiernos e imponer duras sanciones por conducta anticompetitiva, son instituciones ajenas a la mayoría de los gobiernos europeos. De hecho, en la mayoría de los países la política de competencia sigue siendo responsabilidad de los ministerios y está sometida a las instrucciones de los políticos. Como consecuencia, prosperan los monopolios y otros tipos de protección.

Algunos políticos protegen los monopolios porque son «capturados» por las empresas a las que se supone que deben regular. La teoría de la captura de los organismos reguladores, explicada claramente a principios de los años setenta por George Stigler, profesor de la Universidad de Chicago, que recibió el premio Nobel en 1997, sostiene que los reguladores públicos a menudo acaban identificándose con las empresas a las que se supone que deben regular, por lo que pierden de vista el bienestar general de la ciudadanía a la que sirven. Esa identificación puede deberse a sobornos directos o a prácticas más sutiles, como la promesa de un puesto de trabajo en el sector, o simplemente a la persuasión ejercida por los regulados en los reguladores. Además, cuando los monopolios naturales son propiedad del Estado, como suele ocurrir con la electricidad, el gas y los ferrocarriles, proteger las rentas significa proteger los puestos de trabajo de empleados públicos. Por ejemplo, las empresas estatales de petróleo y de gas también aportan pingües ingresos a las arcas del Estado y gravar a los ciudadanos con elevadas facturas de electricidad tiene menos costes políticos que gravarlos con impuestos sobre la renta, ya que mientras que el impuesto sobre la renta se paga directamente al Estado, los contribuyentes/consumidores normalmente no son conscientes de que están siendo gravados a través de sus elevadas facturas de electricidad y creen, por el contrario, que está subiendo simplemente el coste de alumbrar sus hogares. No es de extrañar que Europa carezca de una seria cultura antimonopolio. Como veremos en seguida, Bruselas ha cambiado el panorama, pero no sin crear otros problemas.

¿Por qué es tan difícil poner en práctica las medidas necesarias para que los mercados de Europa sean competitivos? Aunque la existencia de competencia en los mercados de productos y de servicios puede beneficiar a todos los consumidores, nunca se materializa la amplia coalición necesaria para apoyar una política a favor de la competencia. Sencillamente, no existe el respaldo político que podría iniciar el cambio, lo cual es sorprendente, dado que abundan los ejemplos de los beneficios de la liberalización. El mercado de taxis de Irlanda está liberalizado y las tarifas son baratas. Después de que se liberalizaran las compañías aéreas de Estados Unidos –pero las europeas siguieran estando reguladas– el vuelo de Nueva York a Los Ángeles, que dura cinco horas, costó durante algún tiempo mucho menos que el vuelo de Zúrich a Fráncfort, que dura media. También se observan discrepancias parecidas entre el precio de una llamada de teléfono en Estados Unidos de costa a costa y el de una llamada nacional de larga distancia en Francia.

Mientras que la regulación genera rentas inmerecidas a minorías sobreprotegidas (los taxistas, los notarios, los pilotos de avión y los trabajadores de las telecomunicaciones o la electricidad), la liberalización reduce estas rentas y las redistribuye entre el público en general. Como las minorías sobreprotegidas disfrutan de un acceso privilegiado a los políticos, no es sorprendente que la liberalización suscite tan feroz oposición. Las compañías aéreas de bajo coste son la principal victoria de los consumidores europeos. Ésta es sorprendentemente un área en la que Europa parece que se ha adelantado a Estados Unidos. Pero, como cabría esperar, y veremos más adelante, Ryanair, importante compañía aérea europea de bajo coste, ha sido objeto de ataques por parte de los gobiernos. La Comisión Europea, presionada por las compañías aéreas públicas caras, ha estado a punto recientemente de causar su ruina.

¿Hay alguna forma de ablandar la oposición de la industria? ¿Qué ocurriría si un Gobierno, en lugar de intentar liberalizar un sector determinado, desencadenara un Big Bang económico y liberalizara todos los mercados al mismo tiempo? ¿Tenemos ejemplos de estrategias Big Bang que hayan tenido éxito? He aquí una. El Pentágono de Estados Unidos adoptó en la década de 1980 una estrategia de todo o nada para cerrar las bases militares subutilizadas. Desde 1945 no se había cerrado ni una sola base. Aunque el Pentágono ya había deseado en ocasiones anteriores cerrar un buen número de bases y utilizar el dinero en otras, no se había podido sacar adelante ninguna medida en el Congreso de Estados Unidos porque las bases militares se consideraban pernada económica, es decir, formas localizadas de gasto público que se convierten en «regalos» a determinadas áreas que ayudan a sus congresistas a salir reelegidos. Los congresistas pocas veces votan en contra de estos programas en los distritos de los colegas. No obstante, en el clima de reducción del tamaño del Estado que reinaba en los años ochenta, el plan para cerrar una serie de bases fue aprobado por abrumadora mayoría. Una vez que los líderes del Congreso se pusieron de acuerdo para presentar una única lista de las bases que debían cerrarse, la lista sólo podía aprobarse o rechazarse, sin posibilidad alguna de enmienda. Triunfó, pues, la sensatez frente a la pernada.

La utilización de estrategias similares podría beneficiar a la ciudadanía europea. En el caso de la electricidad, los beneficios de los consumidores por pagar unos precios más bajos compensarían con creces la pérdida de rentas que sufrirían las empresas. Una reforma tipo Big Bang podría hacer que fuera más fácil desde el punto de vista político que se aprobara la liberalización. La oposición de los intereses creados podría desactivarse liberalizando toda la economía y no sectores concretos uno a uno. La clave para eliminar la concesión de subvenciones improductivas e ineficientes es reducir los impuestos de todo el mundo.

Europa ha tratado de resolver el problema de la competencia transfiriendo la responsabilidad de la política industrial de los políticos nacionales a Bruselas. Esta solución ha tenido un cierto éxito por tres razones. En primer lugar, la competencia es una de las dos únicas áreas en las que las instituciones europeas tienen poder ejecutivo; la otra es la política monetaria a través del Banco Central Europeo. Las decisiones que adopta la Comisión tienen inmediatamente fuerza de ley y, a diferencia de todas las demás decisiones, no requieren la aprobación posterior de los gobiernos nacionales. En segundo lugar, es más difícil someter o sobornar a la Comisión Europea que a un político local. En tercer lugar, Bruselas normalmente ha adoptado el enfoque del Big Bang.

He aquí las contadas historias de éxito que ha habido. Hasta mediados de la década de 1990, Italia tuvo una industria siderúrgica pública grande e ineficiente. El poder de los sindicatos impedía al Gobierno cerrarla y se mantenía viva gracias a un continuo flujo de subvenciones. Cuando Bruselas declaró ilegales esas subvenciones, la industria se privatizó y se abrió a la competencia. Pero ¿por qué aceptó Italia la disciplina impuesta por Bruselas? La respuesta formal es que las subvenciones están prohibidas por los tratados europeos. La verdadera respuesta es que Bruselas estaba obligando a eliminar las subvenciones en toda Europa. Las cajas de ahorro alemanas, cuyo balance estaba garantizado por el Estado, también se vieron obligadas a renunciar a las subvenciones. Si les hubiera dejado, el

Gobierno italiano continuaría manteniendo la propiedad pública de las empresas siderúrgicas y los bancos regionales alemanes continuarían disfrutando del privilegio de una garantía del Estado. Bruselas logró ganar las dos batallas al librarlas juntas. De esta forma creó dos aliados naturales, la industria siderúrgica alemana y los bancos italianos.

Francia decidió permitir una leve apertura de su mercado interior de electricidad el día antes de que comenzara el juicio contra París en el Tribunal Europeo de Justicia por infringir una directiva de la UE. ¿Por qué constituía la sentencia de dicho Tribunal una amenaza creíble? Principalmente porque otras empresas francesas se dieron cuenta del coste de cuestionar la autoridad del Tribunal. Los bancos franceses entendieron que un Tribunal debilitado podría ser incapaz de resistir las presiones del Gobierno alemán y acabar fallando a favor de la petición alemana de levantar la prohibición de que el Estado garantizara el balance de las cajas de ahorro. Los bancos franceses se convirtieron, pues, en un importante –e inusitado– aliado de Bruselas. Transcendiendo los países y enfrentando a los grupos de intereses entre sí, la Comisión a menudo ha sido capaz de progresar. Eso sería mucho más difícil de lograr en el ámbito nacional.

La política de competencia y la aplicación de normas que prohíben las ayudas públicas son, sin duda alguna, áreas en las que Europa ha tenido éxito. Bruselas ha mostrado, especialmente desde 1999 con el Comisario Mario Monti, un activismo mayor, sobre todo en la lucha contra los cárteles (véase la tabla 7.1). Pero debido precisamente a que Bruselas ha hecho tantos avances, los gobiernos están contraatacando. Como ya hemos señalado, Gunter Verheugen, el nuevo comisario para la industria y vicepresidente de la Comisión Barroso, nunca cesa de repetir que las leyes antimonopolio deben aplicarse con cautela en el caso de los «campeones europeos».

Tabla 7.1. Número total de sanciones y decisiones sobre los cárteles

	Sanciones a los cárteles (mill. €)	Número de decisiones sobre los cárteles
1988-1991	60	4
1992-1995	393	11
1996-1999	552	8
2000-2003	3.320	26

Fuente: Competition Policy Internacional, 1:1 (2005), p. 69.

Pero incluso en el terreno de la política europea de competencia, Bruselas a veces no puede resistir la tentación de regular en exceso. En lugar de limitarse a fomentar la competencia y a luchar contra las subvenciones, a veces se extralimita. Un destacado ejemplo es la resolución dictada contra Ryanair en febrero de 2004.

Ryanair ha introducido tarifas baratas en un mercado europeo de vuelos aéreos cuyos precios no hace mucho eran prohibitivos y ha contribuido a aumentar la competencia en el sector del transporte aéreo, obligando a otras compañías aéreas a bajar sus tarifas. Bruselas multó a Ryanair por haber llegado a un acuerdo con el aeropuerto Charleroi de Bélgica. Charleroi no era en realidad más que un pequeño y polvoriento aeropuerto por el que pasaban menos de 200.000 pasajeros al año. Ryanair propuso un acuerdo tentador: el aeropuerto renunciaba a sus tarifas de aterrizaje y Ryanair llevaba a cambio dos millones de pasajeros al año. El acuerdo se firmó y casi todo el mundo estaba contento: los pasajeros podían volar a bajo precio, los ingresos del aeropuerto florecieron, al aumentar las tiendas junto con el número de pasajeros, y la comunidad local consiguió empleo en el aeropuerto. Los que no estaban contentos eran, por supuesto, las grandes compañías aéreas que cobran diez veces más que Ryanair y que estaban perdiendo negocio. Sin embargo, como Charleroi es de propiedad pública, a los ojos de la Comisión Europea no cobrar tarifas de aterrizaje equivalía a dar ayuda estatal a Ryanair (lo que se presupone en este caso es que la pérdida de ingresos la deben soportar los contribuyentes belgas). Por lo tanto, la Comisión pidió a Ryanair que pagara la mayor parte de las tasas que se había ahorrado y anunció que revisaría las condiciones de funcionamiento de la compañía aérea también en otros aeropuertos europeos. Esta decisión fue un duro golpe para Ryanair, un gran regalo para las compañías aéreas públicas como Alitalia y Air France y un regalo inesperado para los políticos que están esperando la ocasión para impedir que Bruselas interfiera en las empresas que les gusta proteger. Bruselas vetó el acuerdo de Ryanair; desde entonces, el gobierno italiano ha inyectado cantidades ingentes de dinero en Alitalia para posponer la quiebra de esta compañía aquejada de problemas.

Evidentemente, sin un escrutinio público de la ayuda pública, un Estado podría mostrar favoritismos injustificados. Pero, ¿cómo distinguir entre un caso y otro? Nuestra respuesta es que la política de los gobiernos debería presuponer implícitamente que toda concesión de ayuda pública a cualquier sector o empresa concreta está prohibida. Este sencillo principio debería guiar las decisiones de Bruselas y sólo deberían hacerse excepciones en casos muy especiales. Ryanair podría haber sido uno de esos casos excepcionales. Bruselas también podría haber resuelto el problema de la ayuda pública ordenando la privatización del aeropuerto. Una vez que Charleroi hubiera sido privado, podría haber firmado cualquier acuerdo que quisiera con Ryanair o con cualquier otra compañía aérea. Pero aquí topamos con un punto débil: los tratados europeos protegen la competencia, pero son neutrales en lo que se refiere a la propiedad pública de las empresas. La Unión Europea no puede obligar a un Estado miembro a privatizar: sólo puede obligar a gestionar una empresa pública como si fuera privada.

Otro ejemplo de celo desencaminado y de búsqueda de dudosas rentas económicas se refiere a las fusiones. En los últimos años, el Tribunal Europeo de Justicia (al que pueden apelar los particulares contra las decisiones que toma la Comisión) ha anulado una serie de decisiones en las que la Comisión había vetado ciertas fusiones de empresas.

Los fallos del Tribunal en contra de Bruselas contenían una crítica feroz de la valoración de los hechos realizada por la Comisión. En el caso de la fusión de las empresas siderúrgicas Schneider/Legrand, el Tribunal citó «varios errores, omisiones y contradicciones obvios en el razonamiento económico de la Comisión», así como una «irregularidad en el procedimiento que constituye una violación de los derechos de defensa». También hizo una similar crítica devastadora en la revocación de la decisión sobre las fusiones de Tetra Laval y Airtours/First Choice.

Aunque las reglamentación sobre ayudas públicas y la reglamentación sobre fusiones privadas son cuestiones independientes, la pérdida de reputación de Bruselas en el terreno de las fusiones puede debilitar su posición en el campo de batalla de las ayudas públicas. No está la cosa como para que la Comisión pierda batallas. Como hemos señalado antes, a Francia se le permitió volver a su vieja política de rescatar con el dinero de los contribuyentes a las empresas privadas que no eran rentables y estaban al borde de la quiebra. El historial de la Comisión tiene que ser coherente si quiere ganar estas batallas.

Tras estos reveses, la Comisión ha revisado sus procedimientos para analizar las fusiones. Se ha creado una oficina independiente, presidida por un economista externo, para evaluar cada caso. Esta oficina, alejada de la burocracia de Bruselas, debería reducir significativamente el riesgo de que el Tribunal de Justicia coja desprevenida a la Comisión. La nueva comisaria, Neelie Kroes, ha anunciado un cambio de énfasis de la política de competencia, una nueva forma de pensar que comenzó de hecho al final del periodo Monti para hacer frente a las derrotas que sufrieron en el Tribunal las decisiones sobre las fusiones y contra los monopolios. «El objetivo último es proteger al consumidor. Me gusta que las grandes empresas compitan intensamente entre sí y no me importa que los competidores resulten perjudicados, siempre y cuando el beneficiario sea en última instancia el consumidor», dijo Kroes. Una importante innovación, en comparación con el periodo Monti, es que las grandes empresas acusadas de abusar de su posición de mercado pueden evitar ser sancionadas si consiguen demostrar que su conducta agresiva ha beneficiado a los consumidores al mejorar la eficiencia del mercado, por ejemplo, mejorando la calidad del producto o bajando los precios, independientemente de las consecuencias que haya podido tener para sus competidores. Estos cambios han alineado la política antimonopolio de la UE con la de Estados Unidos, donde ocurrió algo similar en las fusiones propuestas de General Electric–Honeywell y Microsoft; la primera fusión fue aprobada por el Departamento de Justicia de Estados Unidos, pero vetada por la Comisión Europea. El Tribunal Europeo de Justicia ha aprobado recientemente la decisión de la Comisión.

Un revelador punto débil del enfoque adoptado en Europa para luchar contra los cárteles es la incapacidad para imponer sanciones penales por comportarse como un cártel. Hace unos años, un ayudante del fiscal general de Estados Unidos contó lo que le había dicho en una ocasión un alto ejecutivo: «Mientras me hable únicamente de dinero, mi empresa sabrá cuidarme, pero si empieza a hablar de privarme de libertad, mi empresa no puede hacer nada por mí». En Estados Unidos y Canadá, las personas que participan en un cártel pueden ser procesadas y condenadas a penas de cárcel. En Europa, sólo se permite imponer sanciones penales por participar en un cártel en unos cuantos países –Austria, Francia, Alemania, Irlanda y el Reino Unido–, pero incluso en este grupo de países, los cárteles normalmente se persiguen por la vía civil, no por la penal.

Por último, está la cuestión del papel de la Comisión como fiscal y juez. En el caso de las fusiones, la Comisión puede abrir diligencias contra una propuesta de fusión y decidir sobre ella. Las partes implicadas pueden apelar al Tribunal Europeo de Justicia, pero eso lleva tiempo y la revocación de la decisión de la Comisión normalmente no es más que una victoria moral para una de las partes. El momento de la fusión puede haber pasado, como ocurrió en la decisión sobre Airtous/First Choice. El reparto de competencias entre el fiscal y el juez es una garantía constitucional fundamental en el caso de los litigios privados. Una de las posibilidades sería desligar totalmente a la Comisión de la política de competencia, creando una autoridad antimonopolio europea independiente. Una solución menos extrema sería establecer un panel administrativo que hiciera una recomendación pública a toda la Comisión sobre las decisiones relacionadas con fusiones. Esta solución separaría al equipo interno de investigadores y acusadores de los jueces o de los que toman las decisiones. Los comisarios seguirían pudiendo rechazar la recomendación del panel, pero no sin una buena razón.

8 EL SISTEMA JUDICIAL Y SU COSTE SOBRE LA ACTIVIDAD EMPRESARIAL

Una economía de mercado necesita dos cosas en el terreno del derecho para que funcione bien: en primer lugar, un sistema judicial que facilite las transacciones estipuladas en los contratos y que proteja a las partes interesadas; y, en segundo lugar, un entorno regulador que logre los objetivos deseados (que garantice la seguridad, proteja a los consumidores y evite las externalidades negativas) sin crear costes innecesarios de apertura y de explotación de las empresas. Italia es el país de toda Europa que tiene el sistema judicial más ineficiente e ineficaz, pero otros países, como Francia, no le van a la zaga.

Un ingrediente fundamental para el buen funcionamiento de los mercados (incluidos los mercados financieros) es la posibilidad de hacer cumplir los contratos, que es lo que proporciona a las partes la confianza en la aplicación rápida de la ley. Un contrato no tiene sentido si no existe un mecanismo que permita imponer su cumplimiento. Los países en vías de desarrollo van a la zaga en cuanto a la aplicación de las leyes y la imposición de los contratos, y eso constituye un obstáculo importante para dar rápido alcance a los países industriales. El modo en que funciona el sistema judicial y la eficiencia con que se hacen respetar los contratos varían mucho de unos países miembros de la OCDE a otros. Andrei Shleifer, profesor de la Universidad de Harvard, y sus colaboradores, nos han suministrado datos muy interesantes sobre la rapidez con que los sistemas judiciales de todo el mundo hacen cumplir algunos contratos.

Los contratos financieros que permiten deshacerse del riesgo son especialmente importantes en una economía de mercado. Los datos de la tabla 8.1 se refieren a dos procedimientos representativos: el cobro de fondos de un cheque devuelto y el desalojo de un inquilino que se niega a pagar el alquiler. Curiosamente,

Tabla 8.1. Eficiencia del sistema judicial

País	Desalojo de un inquilino		Cobro de un cheque	
	Duración total (días) del trámite judicial	Tiempo (días) que transcurre entre el momento en que se dicta sentencia y el momento en que el propietario recupera la propiedad	Duración total (días) del trámite judicial	Días que transcurren entre el momento en que se dicta la sentencia y el momento en que el propietario recupera la propiedad
Estados Unidos	49	10	54	14
Canadá	43	17	421	150
Gran Bretaña	115	28	101	14
Irlanda	121	50	130	60
Francia	226	135	181	90
Italia	630	180	645	230
Portugal	330	30		
Grecia	247	180	315	90
Holanda	52	28	39	15
España	183	68	147	29
Bélgica	120	57	120	100
Alemania	331	111	154	64
Austria	547	180	434	150
Suiza	266	70	224	90
Japón	363	10	60	10
Dinamarca	225	25	83	28
Suecia	160	19	190	19
Finlandia	120	35	240	60

Fuente: S. Djankov, R. La Porta, F. de Silanes y A. Shleifer («Courts», *Quarterly Journal of Economics,* mayo, 2003).

en Estados Unidos se tarda siete semanas tanto en cobrar el dinero de un cheque devuelto como en deshauciar a un inquilino: cinco semanas en conseguir una sentencia de un tribunal y dos en hacer que se haga efectiva. En Italia, por el contrario, se tarda más de un año en conseguir una decisión judicial y casi otro año en hacerse efectiva. En Francia, la situación es algo mejor: tres meses para conseguir una decisión judicial y otros tres para hacer que se ejecute. Sin embargo, en los Países Bajos los periodos de tiempo son parecidos a los de Estados Unidos, y en Suecia no son tan buenos, pero sí mucho mejores que en Francia e Italia. El buen funcionamiento del sistema judicial es una de las razones por las que en los últimos años los países nórdicos han sido capaces de conseguir un crecimiento continuo, a pesar de los elevados impuestos.

El hecho de que la judicatura siga estando cerrada y siendo poco competitiva agrava los efectos de un sistema judicial ineficiente. La tabla 8.2 muestra los gastos legales que hay que realizar para firmar un contrato hipotecario en proporción al valor de la vivienda hipotecada. En Italia, estos gastos pueden llegar a representar un 20 por ciento de la hipoteca.

Tabla 8.2. Coste de los trámites legales

País	Gastos legales en proporción a la hipoteca
Estados Unidos	
Dinamarca	3-4
Gran Bretaña	4.75
Alemania	6
Irlanda	10
Portugal	10-20
Francia	12-18
Holanda	11
España	5-15
Bélgica	16-23
Grecia	16
Italia	18-20

Fuente: M. Bianco, T. Jappelli y M. Pagano («Courts and banks: Effects of judicial costs on credit market performance», *Journal of Money Credit and Banking*, abril, 2005).

En Alemania, como un banco tarda muchos años en adquirir la titularidad de una vivienda cuando un prestatario ha dejado de pagar la hipoteca, los bancos piden considerables entradas. Como muestra la tabla 8.3, la consecuencia es que menos del 10 por ciento de los alemanes de menos de 30 años es propietario de su vivienda, mientras que la cifra es del 52 por ciento en el Reino Unido.

Tabla 8.3. Financiación de la vivienda y propiedad de una vivienda

	Propiedad de una vivienda por grupos de edad			Porcentaje que representa la entrada
	< 30	30-39	Todos	
Australia	30	65	65	23
Austria	21	49	50	33
Bélgica	29	62	67	27
Canadá	32	65	64	23
Finlandia	43	76	78	18
Francia	17	49	56	20
Alemania	9,4	29	36	30
Italia	33	48	62	45
Luxemburgo	38	55	68	40
Holanda	26	56	46	25
España	43	66	73	27
Suecia	28	60	58	13
Reino Unido	52	71	66	12
Estados Unidos	28	58	63	17

Fuente: Chiuri y Jappelli («Financial market imperfections and home ownership: A comparative study», *European Economic Review,* octubre, 2003).
Nota: el porcentaje que representa la entrada es la media de 1970–1995.

Las consecuencias económicas del mal funcionamiento de los mercados inmobiliarios pueden ser significativas, especialmente para la movilidad de la población en lo que se refiere a la flexibilidad del mercado de trabajo y para el crecimiento de la población en lo que respecta a las decisiones relacionadas con la fecundidad.

La consecuencia fundamental del mal funcionamiento de los tribunales es una limitación del volumen de intercambios que se realizan en el mercado. Cuando una persona no está segura de que pueda confiar en la otra parte y no puede confiar en los tribunales, es reacia a realizar una transacción. Asimismo, cuando una empresa no está segura de poder hacer que otra empresa le pague una entrega, puede ser que retenga la mercancía hasta ver el dinero, creando retrasos e ineficiencia en las transacciones económicas. También puede ocurrir que las empresas sólo realicen transacciones con un reducido número de empresas, lo que puede limitar el grado de diversificación en los mercados.

Otros costes pueden tener consecuencias indirectas y más amplias si la justicia es lenta en fallar en contra de una infracción de la ley: las personas sin escrúpulos, sabiendo que los tribunales pueden tardar indefinidamente en dictar sentencia, se aprovechan para incumplir tranquilamente los contratos. El coste social acaba siendo que la gente confía menos en los demás, lo que dificulta aún más los negocios. En casos extremos, se acaba con que sólo comercian las personas que se conocen, desapareciendo la impersonalidad de las transacciones de mercado.

En Italia, los legisladores han intentado compensar la lentitud con que se aplica la justicia imponiendo enormes sanciones en el caso de algunos delitos. Sin embargo, esta medida no ha dado buen resultado, ya que las sanciones se imponen irregularmente y a veces la sanción máxima (una pena de cárcel) se aplica a un delito relativamente menor (la devolución de un cheque). Como hemos visto antes, la razón se halla aparentemente en que el cobro de un cheque devuelto es un proceso muy lento. Sabiendo que al final se puede pagar el cheque para eludir la cárcel, un retraso de dos años puede significar mucho para un delincuente que anda corto de dinero, pero para una empresa, ésta no es forma de realizar transacciones económicas.

¿A qué se deben las diferencias de eficiencia de los tribunales? Deberíamos desechar inmediatamente la reacción refleja normal: los países europeos en los que el sistema judicial funciona mejor son los que gastan más dinero público en él. Eso es sencillamente falso. Los datos demuestran que las diferencias de gasto público en porcentaje del PIB no están correlacionadas con la eficiencia de la justicia, medida por medio de indicadores como los de la tabla 8.1. ¿A qué se debe, pues, la diferencia?

Andrei Shleifer y Edgard Glaeser, profesores de la Universidad de Harvard, proponen una interpretación interesante. Observan la existencia de una correlación entre el sistema judicial de un país y los países conquistados por Napoleón, cuyos sistemas judiciales forjó. Estos países tienden a tener unos procedimientos judiciales muy formalizados con una reducida autonomía de los jueces. Shleifer y Glaeser sugieren que la transformación de los tribunales fue el resultado de la desconfianza de Napoleón y de sus cohortes revolucionarias hacia los jueces franceses. Para limitar la discrecionalidad de los jueces, se adoptaron complejos procedimientos. El resultado fue el código civil, que constituye la base del derecho que se practica en Europa continental. En Gran Bretaña y en Estados Unidos se confiaba, por el contrario, en los jueces a los que se les permitía un elevado margen de discrecionalidad: su sistema judicial menos complejo se basa en el derecho consuetudinario. Sin embargo, los procedimientos judiciales más formales han demostrado ser con el tiempo más ineficientes. En lugar de proteger más a los demandantes, permiten a los jueces y a los burócratas justificar su ineficiencia apelando a la complejidad del procedimiento formal.

Cuando un sistema judicial es ineficiente, resulta muy difícil procesar a los funcionarios corruptos. Como consecuencia, existe una falta de confianza por parte de individuos y empresas hacia la administración pública en los largos procedimientos formales. Como no se puede confiar ni en la honradez de los servidores públicos ni en el mecanismo de aplicación de la ley, se establecen en su lugar reglamentaciones cada vez más rigurosas y formales, lo cual tiene generalmente desastrosas consecuencias. La corrupción no se reduce y la actividad empresarial soporta unos costes innecesarios. Se trata de un círculo vicioso: cuanto más complicadas son las reglamentaciones, más difícil es obligar a cumplirlas y más fácil es hacer trampa. En Italia meridional, hay un refrán que dice *fatta la legge trovato l'inganno*, de la misma manera que en castellano se dice «hecha la ley, hecha la trampa». Una visión incluso más cínica es que las complejas reglamentaciones dan incentivos a los funcionarios corruptos para extraer rentas de los individuos con el fin de que puedan evadirlas. Esa podría ser la razón por la que los reguladores son partidarios de las normas complicadas: facilitan la corrupción.

Al igual que ocurre en el caso de la eficiencia judicial, existen grandes diferencias entre los países miembros de la OCDE en lo que se refiere al coste de la actividad empresarial. La tabla 8.4 muestra datos recogidos, una vez más, por Shleifer y sus colaboradores. Indican los costes en tiempo y en dinero necesarios para abrir una empresa en diferentes países. En Italia, para abrir una empresa, se tarda, como media, 62 días laborales en obtener los permisos necesarios y hay que presentar 16 documentos diferentes, lo que significa un coste total de unos 5.000 dólares americanos. En Francia, las cifras son 53 días, 15 documentos y alrededor de 4.000 dólares, y en Alemania, 42 días, 10 documentos y 4.000 dólares. En Estados Unidos, se exigen 4 documentos y se tarda 4 días en tramitarlos con un coste de 166 dólares. Una vez más, los países nórdicos, que son los que tienen el nivel más bajo de corrupción, salen bien parados en este aspecto. Por ejemplo, en Suecia se tarda 6 días y el coste es de 664 dólares americanos; en Dinamarca, 3 días, pero el coste es de casi 3.000 dólares. Un director de cine italiano ha hecho recientemente una divertidísima película sobre la tortuosa experiencia por la que pasó un joven empresario con la burocracia local en su intento de abrir un club de baile en una pequeña ciudad italiana.

Tabla 8.4. Tiempo y costes relacionados con la apertura de una empresa

País	Número de trámites necesarios para abrir una empresa	Tiempo necesario para realizar los trámites (días)	Coste de realizar los trámites necesarios
Estados Unidos	4	4	166,5
Canadá	2	2	396,2
Gran Bretaña	5	4	381,4
Irlanda	3	16	3.503,7
Finlandia	5	24	296,8
Francia	15	53	3.693,00
Italia	16	62	5.012,1
Portugal	12	76	3.370,0
Grecia	15	36	10.218,7
Holanda	8	31	5.303,2
España	11	82	3.731,8
Bélgica	8	33	2.736,7
Alemania	10	45	3.998,0
Austria	9	41	7.851,4
Suiza	7	16	5.223,6
Japón	11	26	3.042,9
Dinamarca	3	3	2.857,3
Suecia	6	13	664,0

Fuente: Djankov, La Porta, de Silanes y Shleifer (2003).
Nota: la última columna ha sido calculada por los autores multiplicando el valor indicado por Djankov *et al.* del coste expresado en porcentaje de la renta per cápita por la renta per cápita de cada país en 2004 expresada en dólares.

Como es de suponer, en algunos países como Italia y Francia se crean muy pocas empresas en relación con Estados Unidos. Como es de suponer también, los excesivos costes y reglamentaciones dan incentivos para sobornar a los inspectores e infringir la ley o para depender de los contactos familiares. Es inevitable que se produzcan distorsiones potencialmente grandes, ya que las empresas que se acaban creando no son necesariamente las más eficientes sino, a menudo, las que tienen mejores contactos.

En suma, las economías de mercado dependen de dos bienes públicos fundamentales: de un sistema de justicia que funcione bien y de una buena regulación de las empresas. La provisión de estos dos bienes públicos, junto con un tercero, la ley y el orden, constituye la función más importante del Estado. A diferencia de lo que ocurre con otros tipos de servicios, es difícil que haya alguna institución que pueda procurar los tres, salvo el Estado. Por ejemplo, la provisión privada de educación es posible, pero la justicia privada, como el arbitraje por parte de terceros, no puede sustituir fácilmente a todo un sistema judicial. Los países europeos que van a la zaga en la provisión de estos bienes públicos deberían concentrar sus esfuerzos en suministrarlos, mucho antes que en la realización de grandes inversiones en trenes más rápidos, mayores aeropuertos, mayores centros de convenciones y puentes más espectaculares, por no hablar de la concesión de subvenciones a los campeones nacionales.

9 CONFLICTOS DE INTERESES EN LOS MERCADOS FINANCIEROS

La burbuja de la bolsa de valores de finales de los años noventa engañó a muchos inversores. Llevó a muchas personas a pensar que las acciones podían generar un rendimiento del 20 por ciento año tras año. La burbuja también engañó a los consejos de administración, induciendo a algunos ejecutivos a pensar que podían hacer impunemente contratos opacos de derivados para transferir dinero de sus empresas a su bolsillo. En ambos lados del Atlántico salieron a la luz historias de terror de inversores engañados: Enron, Tyco y WorldCom en Estados Unidos; Parmalat en Italia; Royal Ahold en Holanda. En Alemania, donde los consejos de supervisión de las empresas están formados por una peculiar mezcla de representantes de los accionistas y de los sindicatos que comparten la responsabilidad de dirigir una empresa, se realizó todo tipo de malas prácticas (más adelante volveremos a referirnos a estas peculiares instituciones). Detrás de algunos de estos escándalos había conflictos de intereses fomentados por las malas prácticas de las empresas financieras y de sus supervisores. Eso ocurrió en toda Europa y en Estados Unidos, especialmente en la bolsa de Nueva York.

Lo que fue diferente en ambos lados del Atlántico fue la respuesta a los escándalos. El Congreso de Estados Unidos actuó inmediatamente para enmendar la ley de sociedades y la bolsa de Nueva York destituyó a su presidente, Richard Grasso, y modificó sus normas de gobierno. En Europa, los conflictos de intereses, tanto en el seno de los grandes bancos como entre los bancos y los organismos reguladores y, a veces, dentro de los propios organismos reguladores, no han cambiado y lo mismo ha sucedido con los riesgos a los que siguen enfrentándose los inversores. Estos conflictos y sus costes constituyen el tema de este capítulo. Una vez más, es instructivo comenzar por Estados Unidos.

Existe una conexión obvia entre los escándalos de Enron, Tyco y WorldCom y lo que se reveló sobre la forma en que solía actuar la bolsa de Nueva York cuando su presidente se vio envuelto en el escándalo provocado por su enorme indemnización por despido. Todo el fiasco del consejo de administración de la bolsa de Nueva York puede atribuirse a que los consejos a menudo están ocupados por amigos del presidente, poco dados a hacer preguntas difíciles o a poner pegas cuando llega el momento de votar los sueldos de los altos ejecutivos. La bolsa de Nueva York es la encargada de regular el mercado de valores, pero sus consejeros procedían del propio mercado que regulaba, creando graves conflictos de intereses. Con el paso de los años, los consejeros de algunas de las mayores agencias de valores de Nueva York, que son reguladas por la bolsa de Nueva York, acabaron dominando el consejo de administración. Cuando el presidente de la Bolsa exigió una indemnización por despido que ascendía a 139,5 millones de dólares en concepto de pago aplazado y de pensión de jubilación, aceptaron, dando a la opinión pública la impresión de que éste, uno de los suyos, abusaba de sus privilegios. Para eliminar este conflicto de intereses –y para que la bolsa siguiera siendo al mismo tiempo una entidad autorregulada– el nuevo presidente, John Reed, intervino con el fin de aumentar su independencia. Los miembros del consejo ya no pueden ser agentes de bolsa o miembros de una de las empresas que cotizan en bolsa. Los agentes de bolsa y las empresas que cotizan en bolsa sólo tienen actualmente un papel asesor.

Enron se declaró en quiebra en febrero de 2002. En julio de ese mismo año, el Congreso de Estados Unidos aprobó la ley Sarbanes-Oxley. La nueva ley, junto con las nuevas normas bursátiles, ha aumentado la independencia de los consejeros y ha reducido los conflictos de intereses. Ahora, la mayoría de los consejeros de las empresas que cotizan en bolsa deben ser independientes. Además, los comités de auditoría y los que controlan la remuneración de los altos ejecutivos deben estar formados enteramente por consejeros independientes; los auditores de las empresas no pueden prestarles servicios de consultoría. Otra disposición y, con mucho la más importante, establece que los consejeros firman a título personal las cuentas de la empresa. De esta forma se hacen responsables si algo va mal. En el Reino Unido, se introdujeron normas parecidas con un nuevo código de gobierno de las empresas.

Las disposiciones de la ley Sarbanes-Oxley distan de ser perfectas y algunos economistas las han criticado con razón. Se preguntan si los fundadores de las empresas, o los que las financiaron inicialmente, quisieron alguna vez que se impusieran esas restricciones a sus empresas o a sus consejos de administración. Sostienen que la nueva ley invalida los acuerdos firmados voluntariamente por estos inversores iniciales. Además, aumenta los costes legales, hace perder el tiempo a los consejos y disuade a las nuevas empresas de salir a bolsa. Estas objeciones plantean una cuestión importante: las leyes que se aprueban a prisa y corriendo para «resolver» un problema, como la crisis de Enron, a menudo no están bien meditadas. Reducen, por el contrario, la eficiencia y oprimen a los propios sectores a los que pretenden proteger. Esta ley puede y debe mejorarse. Pero al menos la rapidez con que el Congreso de Estados Unidos respondió a los escándalos ha conseguido que los inversores, especialmente los pequeños, recuperaran la confianza. No obstante, los mercados de capitales ni son perfectos ni la intervención del Estado corrige siempre la mala conducta y el fraude.

El parlamento italiano tardó dos años en responder a los escándalos de Cirio y de Parmalat y la ley que se aprobó finalmente tiene como mínimo tantos defectos como la ley Sarbanes-Oxley. En Italia, la inversión se ha hundido al convencerse los inversores de que el parlamento italiano estaba poniéndose del lado de los malhechores y no del lado de los pequeños accionistas.

Los conflictos de intereses que asolan los mercados financieros europeos tienen tres grandes causas. Como ya señalamos antes, la primera es la peculiar estructura de gobierno de las empresas alemanas. Las empresas privadas alemanas (GMbHs) de más de 500 asalariados y todas las empresas que cotizan en bolsa tienen dos consejos: un consejo de supervisión y un consejo de dirección. En el consejo de supervisión, la mitad (en las grandes empresas) o un tercio (en las más pequeñas) de todos los puestos está reservada a representantes de los sindicatos. Las operaciones diarias son dirigidas por el consejo de dirección (en el que no hay representantes de los sindicatos), pero sus miembros son nombrados por el consejo de supervisión, que también fija sus sueldos y toma todas las decisiones estratégicas. Esta peculiar organización no es sólo que redistribuya los beneficios de la empresa de los accionistas en favor de los trabajadores, lo cual puede provocar por sí solo una reducción de la inversión, la presencia de sindicatos en el consejo de supervisión afecta a las decisiones estratégicas de la empresa. Las empresas que tienen un consejo de supervisión tardan más en reestructurarse y en adaptarse a los cambios, y no digamos si se trata de reducir el empleo o los salarios. Eso dificulta la destrucción creativa, que, como señalamos en el capítulo 5, es fundamental para el crecimiento. La Comisión Europea trató de resolver el problema permitiendo que las empresas que tuvieran su sede en la UE se constituyeran en sociedades conforme a la legislación de la UE en lugar de la legislación nacional. De esa forma, las empresas alemanas podrían eliminar sus consejos de supervisión y sustituirlos por consejos de administración normales. Sin embargo, hasta ahora muy pocas empresas alemanas han aprovechado esta opción.

El segundo tipo de conflicto de intereses es el que existe dentro de los bancos comerciales. La inmensa mayoría de los fondos de inversión de Europa continental son propiedad de bancos. Las sociedades independientes, como Fidelity en Estados Unidos, son la excepción en Europa. Un banco que gestiona un fondo de inversión también garantiza la colocación de los títulos emitidos por un cliente. Se ve, por tanto, sujeto a todo tipo de incentivos perversos para estimular la demanda de estos títulos mediante su compra por parte de sus propios fondos de inversión. Si sospecha que una empresa no va a ser capaz de devolver un préstamo, procurará convencerla de que emita bonos. A continuación, le bastará colocar estos bonos en la cartera de sus fondos para eliminar así del balance el riesgo correspondiente. También puede pedir a sus fondos de inversión que utilicen el banco de intermediario, aunque sus comisiones sean más altas que las de otros y, de esta forma, aumentar los beneficios del banco a costa de los inversores. Eso es lo que quedó patente claramente tras las quiebras de Cirio y Parmalat, dos empresas italianas. En ambos casos, los bancos salieron casi ilesos y las pérdidas recayeron desproporcionadamente en los pequeños inversores. Algo parecido ocurrió con los bonos argentinos. Los bancos no tenían bonos impagados; los habían colocado todos en las carteras de sus clientes. ¿Por qué iba a invertir nadie en estos fondos de inversión? ¿Por qué no pueden transferir los hogares europeos todos sus ahorros a Fidelity? Porque el mercado está dominado por un pequeño cártel de grandes bancos. Estos bancos no compiten entre sí y se aseguran de que los organismos reguladores mantengan a Fidelity a distancia. El resultado es evidente en la tabla 9.1, que muestra las diez principales sociedades de gestión de activos en Italia y España. En Italia, la gestión de activos es controlada enteramente por bancos nacionales; en España, sólo un banco extranjero, el Barclays, ha conseguido entrar en el sector bancario.

El tercer tipo de conflicto de intereses está relacionado con el comportamiento de los organismos reguladores. En Europa continental, la inspección bancaria normalmente corresponde a los bancos centrales nacionales. Cuando el banco central se encuentra ante la quiebra de una gran empresa, tiene que elegir entre dos estrategias: dejar que las carteras de préstamos de los bancos comerciales sufran pérdidas o mirar para otro lado cuando los bancos –que gracias a su relación con la empresa a menudo se enteran con antelación de la posibilidad de que quiebre– transfieren las pérdidas a los pequeños inversores. La conducta del Banco de Italia en la quiebra de Cirio es un buen ejemplo de esta estrategia. En los meses anteriores a la quiebra, un gran banco italiano colocó en las carteras de sus clientes bonos de Cirio recién emitidos, utilizando los recursos obtenidos por Cirio con la emisión de bonos para que esta empresa le devolviera los préstamos que le había concedido. Lo mismo ocurrió unos años más tarde en el escándalo de Parmalat. El Banco de Italia no puso objeción alguna en ninguno de los dos casos.

Tabla 9.1. Diez principales gestores de activos en España e Italia, 2004

Italia	España
San Paolo	Santander
Unicredit	BBVA
Intesa	La Caixa
Assicurazioni Generali	Caja Madrid
MPS	Ahorro Corporación
Capitalia	Banco Popular
RAS	Bankinter
Arca	Banco Sabadell
Popolare Verona	Barclays
BNL	Ibercaja

¿Por qué no intervienen los parlamentos europeos y modifican la legislación para que sea más difícil a los bancos abusar de sus clientes? Una vez más, volvemos a Italia para examinar un caso interesante. Después de los escándalos de Cirio y Parmalat, el parlamento italiano comenzó a debatir una ley que iba a proteger a los inversores y a retirarle al banco central algunas de sus funciones inspectoras. Inmediatamente se formó un poderoso grupo de presión que impidió cualquier interferencia en los bancos y en el banco central. La ley pasó por muchas vicisitudes y después de dos años se aprobó una versión más suave y sólo después de que la judicatura acusara a unos cuantos banqueros de conducta delictiva y el propio gobernador del banco central fuera objeto de una investigación judicial.

Los problemas de conflictos de intereses pueden atribuirse al hecho de que los bancos centrales nacionales de la zona del euro, y sus gobernadores en particular, nunca han aceptado la simple idea de que la creación de una unión monetaria y de un Banco Central Europeo reduciría inevitablemente su poder. Habiendo perdido la capacidad para fijar la política monetaria, se han refugiado en la inspección y la regulación bancarias, tratando de justificar con estas actividades su existencia y su abultado volumen de personal.

Uno de los problemas más graves es el sesgo en contra de la fusión internacional de bancos europeos, algo importante para que la zona del euro se convierta en un área financiera realmente integrada. Cuando un banco de un país de la UE es comprado por un banco de otro país de la UE, la responsabilidad de la supervisión de este banco se transfiere a las autoridades del país del banco comprador y el banco central del país del banco comprado pierde parte de su negocio. Sin embargo, en la mayoría de los países, entre ellos Francia, Portugal, España, Holanda e Italia, el banco central es responsable de la regulación y la supervisión bancarias, por lo que tiene de facto poder de veto sobre las fusiones. La hostilidad de los bancos centrales es la principal razón por la que no están realizándose fusiones internacionales.

Un ejemplo reciente que raya en lo ridículo es el caso de un gran banco holandés que trató de comprar un banco italiano de mediano tamaño. El gobernador del Banco de Italia, Antonio Fazio, preocupado por la perspectiva de perder un «cliente», pidió a un amigo que dirige un pequeño banco provincial del norte de Italia que organizara una contraoferta. El banco del amigo era pequeño y no especialmente sólido: incluso los responsables de la inspección del Banco de Italia estaban atónitos. Pero eso no detuvo al gobernador, que autorizó la contraoferta. Finalmente, la judicatura italiana intervino y acusó a Fazio de uso abusivo de información privilegiada y de abuso de poder. Se rechazó la oferta italiana y el gobernador fue obligado a dimitir, pero por los jueces, no por ningún organismo financiero regulador.

Afortunadamente, no todos los bancos centrales de la zona del euro se comportan de esta forma tan escandalosa. En Alemania, tras la introducción del euro, el Bundesbank redujo espectacularmente su personal. Además, en Alemania la inspección bancaria es competencia de una entidad independiente. En 2005, cuando un banco italiano compró el segundo mayor banco alemán, el Bundesbank no intervino.

¿Qué están tratando de defender algunos bancos centrales nacionales? En primer lugar, como hemos señalado antes, la creación del BCE ha puesto en peligro su poder. Lo segundo es la cuestión de tener que desprenderse de elevados sueldos al reducir su personal. Dentro de Europa, el gasto per cápita de los bancos centrales varía asombrosamente de unos países a otros. Sólo los costes de personal de la Banque de France y de la Banca d'Italia ya son casi tan altos como los de todo el Sistema de la Reserva Federal (1.400 millones de dólares americanos en Francia, 1.200 millones en Italia y 1.600 millones en Estados Unidos, cuya extensión es varias veces mayor que la de Francia e Italia; los datos se refieren a 2004). El sistema del euro le cuesta 15 dólares a cada ciudadano de la UE; la Reserva Federal, 5 dólares a los ciudadanos estadounidenses, y el Banco de Inglaterra (que bien es verdad no es responsable de la inspección bancaria), 3 dólares a los ciudadanos del Reino Unido. En Nueva Zelanda, la República Checa y Canadá, el coste es de menos de 3 dólares americanos por persona en cada uno. En Francia es de 23 dólares por persona, en Italia de 21 dólares, en Austria de 25 dólares y en Grecia de 30 dólares, y esto después de que cada uno de estos bancos centrales nacionales haya visto transferida al BCE su responsabilidad de gestionar la política monetaria.

Algunos bancos centrales también pueden estar tratando de justificar los sueldos de sus gobernadores. El gobernador del Banco de Italia gana más de 600.000 euros al año (la cantidad exacta no se revela), cifra que es casi el triple de lo que gana su colega finlandés, el doble de lo que gana el presidente del Fed de Nueva York y 200.000 euros más de lo que gana su jefe de Fráncfort, que es el presidente del BCE. Alan Greenspan ganó 172.000 dólares americanos, antes de impuestos, cifra que probablemente sea más baja que la real (los datos de la tabla 9.2, que son los más actualizados que hemos podido encontrar, se refieren a 2003, al tipo de cambio de entonces. Al tipo de cambio euro/dólar de 2008, las diferencias aún serían más chocantes).

Tabla 9.2. Sueldos de los gobernadores de los bancos centrales

Gobernador del banco	Sueldo (en dólares americanos)
Joseph Yam (Hong Kong)	1,120.000
Antonio Fazio (Banco de Italia)	>600,000[a]
Malcolm Knight (BPI)	450,000
Nout Wellink (Países Bajos)	440,000
Jean Pierre Roth (Banco Nacional Suizo)	429,000
Wim Duisenberg (BCE)	417,000
Mervyn King (Banco de Inglaterra)	411,160
Ian Macfarlane (Australia)	325,123
John Hurley (Irlanda)	315,000
Bill McDonough (Fed de Nueva York)	315,000
Toshihiko Fukui (Banco de Japón)	276,076
Alan Bollard (Nueva Zelanda)	255,672
Bodil Nyboe Andersen (Dinamarca)	253,000
Klaus Liebscher (Austria)	247,150
Lars Heikenstein (Suecia)	241,000
Matti Vanhala (Finlandia)	233,000
Alan Greenspan (Reserva Federal)	172,000
Zdenek Tuma (Banco Nacional Checo)	110,000

Fuente: CentralBankNet.com.
Nota: los datos se refieren a 2003, al cambio de divisas de 2003.
a. No se revela la cantidad exacta.

Lo que impide que haya competencia en la banca no es la concentración *per se* (que permite a los bancos explotar las economías de escala), sino las restricciones que impiden la entrada de nuevos bancos en el sector. La libertad de entrada es la presión competitiva más importante. Estados Unidos también tenía un sector bancario anticuado, poco competitivo e ineficiente. Pero con la revocación de las restricciones bancarias interestatales a través de la ley Riegle-Neal de 1994, la banca sufrió una enorme transformación. La apertura del mercado de costa a costa permitió al Nationsbank (más tarde Bank of America) explotar enormes economías de escala y entrar al mismo tiempo en aletargados y protegidos mercados locales y transformarlos por completo en beneficio de sus consumidores.

Los bancos centrales europeos tienen razón cuando fomentan las fusiones bancarias, pero no cuando obligan a realizar las fusiones dentro de sus fronteras nacionales. De esa forma, lo único que hacen es perjudicar a los consumidores. No debería sorprender a nadie que dos de los bancos europeos más dinámicos, el Santander y el Bilbao de España, tengan actividades en el único país europeo que abrió su mercado bancario hace años.

El euro ha inducido a las empresas europeas a explotar los mercados emitiendo títulos, bonos de empresas en particular. Pero, sorprendentemente, son los bancos estadounidenses los que ayudan a las empresas europeas a emitir estos bonos de empresas (como muestra la tabla 9.3). Los bancos estadounidenses han transferido rápidamente a Europa la experiencia que han adquirido en el mercado interior de Estados Unidos. Los servicios de los mercados de capitales entrañan grandes economías de escala: en la investigación de las empresas y en la distribución de los bonos entre los grandes inversores institucionales. Estos servicios no exigen una fuerte presencia local y normalmente son demandados por unas cuantas grandes empresas que tienen fácil acceso a los bancos internacionales. Los pequeños bancos europeos sufren una desventaja comparativa: la ausencia de estrechas relaciones con empresas europeas que han comenzado a emitir bonos.

Sin embargo, en el sector bancario europeo hay unos cuantos que han triunfado. Las pocas historias de éxito han ocurrido principalmente en Alemania y Holanda. En 1997, antes de que se introdujera el euro, sólo había una institución en la zona del euro entre los mayores gestores europeos de activos, la compañía francesa de seguros AXA. Actualmente, hay cuatro y dos de las tres nuevas son de Alemania y uno de los Países Bajos.

Por los escándalos bancarios europeos recientes nos hemos enterado de que algunos grupos de intereses poderosos y bien organizados pueden coludir para defender sus privilegios. En lugar de arriesgarse a financiar nuevas ideas empresariales, los banqueros llevan una vida cómoda concediendo préstamos a empresas ya existentes que tienen buenos activos como garantía. Siempre que cometen un error, incluso en este negocio convencional, en seguida trasladan las pérdidas a sus consumidores. Los parlamentos deben proteger al público, pero en un entorno en el que influyen excesivamente los grupos de presión bancarios, ¿cómo van a prosperar la innovación y la productividad?

Tabla 9.3. Mercados financieros explotados por empresas europeas en proporción a todas las emisiones de bonos de empresas en la zona del euro

	1995	2000
Banco de la misma nacionalidad que la empresa emisora	80	37
Banco de otro país de la zona del euro	16	15
Banco estadounidense	4	48

10 ¿Una Europa unida?

Muchos políticos europeos creen que la respuesta al declive europeo es la Unión Europea. Una Europa unida daría un impulso económico y político a la región y haría de ella un contrapeso económico y político de Estados Unidos. Sin embargo, ¿es una unión de países europeos en declive la solución? Es muy posible que los entusiastas defensores de la Unión Europea sean demasiado optimistas sobre sus ventajas. Por otra parte, es posible que los llamados euroescépticos quieran simplemente aislarse de las presiones que ejerce Bruselas con el fin de evitar que se lleve a cabo reforma alguna.

La integración europea podrá lograr sus objetivos en función de cómo se realice. Por ejemplo, unión significa coordinación de las políticas. Pero la coordinación no es la solución en muchas áreas: una coordinación excesiva o desencaminada puede precipitar el declive en lugar de evitarlo.

El proceso de integración europea es difícil de explicar a la mayoría de la gente. Los pasos que se han dado para avanzar en el proyecto de la Unión Europea –como la introducción del euro en 1998 o el proyecto del Mercado Único de 1985– han ido seguidos a menudo de largos periodos de inactividad en el proyecto de una Europa unida. Por ejemplo, el rechazo de la constitución europea en Francia y en los Países Bajos ha desembocado en un punto muerto especialmente crítico.

La opinión general en Europa es que el rechazo de la constitución propuesta supone un grave revés. Sin embargo, paradójicamente este rechazo podría ser

Este capítulo se basa en A. Alesina y R. Perotti, «The Europan Union: A politically incorrect view», *Journal of Economic Perspectives*, otoño, 204, pp. 27-48.

saludable: ha puesto de manifiesto las diferencias de opinión que existen entre los ciudadanos europeos y sus gobernantes.

Tradicionalmente, la división que reina entre los que participan en la construcción de la integración europea se ha atribuido a los conflictos entre los llamados intergubernamentalistas y los llamados federalistas. Los primeros ven Europa como un sistema de integración y cooperación económicas entre gobiernos independientes; los federalistas imaginan, en cambio, una especie de Estados Unidos de Europa, una verdadera federación política. En el primer grupo han estado tradicionalmente Francia y el Reino Unido y en el segundo numerosos políticos alemanes, algunos italianos, algunos españoles y de muchos países más pequeños y especialmente la burocracia constituida por los funcionarios que trabajan en la Comisión Europea en Bruselas. La tensión entre las dos visiones y las dificultades intrínsecas que plantea la formación de una unión de veinticinco países tan diversos se ha traducido en un largo y tortuoso proceso de creación de instituciones. El funcionamiento de los órganos que gobiernan Europa es tan complejo que muy pocos europeos, y no digamos estadounidenses, saben quién hace qué exactamente. En un apéndice de este capítulo, resumimos las funciones de las principales instituciones de la UE.

Los acuerdos intermedios entre la postura federalista y la intergubernamentalista han dado lugar a una compleja red de instituciones. Algunas son de carácter federalista, como la Comisión, y otras de carácter intergubernamental, como el Consejo Europeo de Ministros (véase el apéndice para los detalles). El intento de buscar un equilibrio entre la postura intergubernamentalista y la federalista ha dado como resultado un diseño institucional que carece de claridad. En primer lugar, en la Unión Europea no existe una clara separación de poderes. Por ejemplo, la Comisión tiene tanto poder ejecutivo como poder legislativo, pero los comparte con el Consejo Europeo y el Parlamento Europeo. En segundo lugar, el reparto de tareas en Europa a menudo es fruto de un acuerdo transaccional, basado más en quién tiene más poder en una determinada reunión que en un argumento económico o institucional. Como consecuencia, Bruselas está demasiado implicada en algunas áreas (agricultura, política social, coordinación y ajuste perfecto de la política fiscal) y excesivamente poco en otras (promoción de un verdadero mercado común en todos los sectores).

Lo único cierto es que Bruselas continúa introduciéndose en un número cada vez mayor de áreas. La tabla 10.1 muestra esta tendencia medida por el creciente número de actos legislativos realizados en Bruselas. Los tres tipos de legislación de la UE (reglamentos, directivas y decisiones) han aumentado de alrededor de 2.600 actos a principios de la década de 1970 a alrededor de 11.400 a finales de los años noventa, lo que representa un aumento del 500 por ciento. Alrededor de la mitad de los actos legislativos se refiere a la agricultura, sector que produce aproximadamente el 2 por ciento del PIB de Europa. A decir verdad, estas cifras son un poco engañosas, ya que la mayoría de las disposiciones legislativas relacionadas con la agricultura se refieren a minucias como el tamaño que deben tener los melones, en comparación con otras áreas, en las que la legislación se refiere a temas más generales. Aun así, es asombroso que en la década de 1990 la Unión Europea pudiera aprobar varios miles de reglamentos y directivas para la agricultura.

La tabla 10.1 corrobora, de hecho, los argumentos de los críticos de la Unión Europea de que hay demasiadas leyes y reglamentos que proceden de Bruselas. Parece que en Bruselas existió durante muchos años la idea de que las leyes y los reglamentos son lo único que puede garantizar el buen funcionamiento de la sociedad, a pesar de la existencia de abundantes pruebas de lo absurdos que pueden ser los reglamentos. Confiamos en que el presidente actual de la Comisión Europea, el portugués José Manuel Barroso, defensor del mercado, revoque alrededor de un tercio de los reglamentos y directivas europeos, como ha prometido. No cabe duda de que Europa continuará prosperando sin órdenes de Bruselas y que el europeo medio apenas notará la diferencia.

¿Qué debe hacer entonces la Unión Europea y qué no debe hacer? Es razonable comenzar analizando el reparto de las prerrogativas entre Bruselas y los estados miembros como una disyuntiva entre las economías de escala y la heterogeneidad de las preferencias. Las actividades públicas que tienen importantes economías de escala por el hecho de ser grandes podrían asignarse a Bruselas. Un ejemplo obvio es el mercado único. Como los beneficios de un mercado único son mayores en un mercado mayor, está claro que las políticas relacionadas con el mercado común deben ser competencia de Bruselas. Lo mismo puede decirse de la política exterior y de la defensa. Algunas infraestructuras también tienen considerables economías de escala. Sin embargo, si se delegan todas esas actividades en Bruselas, los países tendrán menos posibilidades de decidir su política y experimentarán una pérdida de soberanía nacional. Tomemos el caso, en el extremo opuesto del espectro, de la política sobre los planes de estudios educativos. Es evidente que las economías de escala no son en absoluto relevantes en este caso, mientras que las preferencias de los países e incluso de las regiones de un mismo país pueden ser muy heterogéneas. Por lo tanto, no tiene sentido una política de uniformidad de los planes de estudios dentro de la UE.

Muchas áreas de política se encuentran entre los dos extremos marcados por las políticas del mercado común (en las que dominan las economías de escala) y los planes de estudios (en los que domina la heterogeneidad de las preferencias). Por lo tanto, los estados miembros tienen que sopesar los beneficios de las economías de escala y los costes de la uniformidad, es decir, el coste de no permitir que los

Tabla 10.1. Legislación de la UE (reglamentos, directivas y decisiones) por áreas

	1971-1975	1976-1980	1981-1985	1986-1990	1991-1995	1996-200
Comercio internacional	864	2.573	2.208	3.416	2.783	2.041
Mercado común	133	251	184	268	305	529
Política monetaria y política fiscal	49	69	98	65	100	249
Educación, investigación, cultura	15	40	73	104	180	136
Medio ambiente	29	61	98	131	197	255
Relaciones económicas sectoriales	**1.155**	**3.051**	**5.685**	**7.281**	**7.130**	**5.437**
Agricultura y pesca	980	2.479	5.165	6.880	6.654	4.907
Industria y energía	109	455	408	300	309	370
Transporte	66	127	112	101	167	160
Relaciones económicas no sectoriales (compet/subvs/ley sociedades)	116	137	256	358	669	1.406
Relaciones internacionales y ayuda exterior (excl. comercio internacional)	155	100	162	768	426	501
Ciudadanos y protección social	96	126	263	521	700	860
Total	2.612	6.408	9.027	12.912	12.560	11.414

Proporciones (% columna)

Comercio internacional	33,1	40,2	24,5	26,5	22,2	17,9
Mercado común	5,1	3,9	2,0	2,1	2,4	4,6
Política monetaria y política fiscal	1,9	1,1	1,1	0,5	0,8	2,2
Educación, investigación, cultura	0,6	0,6	0,8	0,8	1,4	1,2
Medio ambiente	1,1	1,0	1,1	1,0	1,6	2,2
Relaciones económicas sectoriales	**42,2**	**47,6**	**63,0**	**56,4**	**56,8**	**47,6**
Agricultura y pesca	37,5	38,7	57,2	53,3	53,0	43,0
Industria y energía	4,2	6,9	4,5	2,3	2,5	3,2
Transporte	2,5	2,0	1,2	0,8	1,3	1,4
Relaciones económicas no sectoriales (compet/subvs/ley sociedades)	4,4	2,1	2,8	2,8	5,3	12,3
Relaciones internacionales y ayuda exterior (excl. comercio internacional)	5,9	1,6	1,8	5,9	3,4	4,4
Ciudadanos y protección social	3,7	2,0	2,9	4,0	6,1	7,5
Total	100,0	100,0	100,0	100,0	100,0	100,0

Fuente: A. Alesina, I. Angeloni y L. Schucknecht ("What does the European Union do?» *Public Choice*, 2005).
Nota: los datos comprenden todos los actos legislativos realizados en el periodo, incluidos los que ya no están en vigor actualmente.

diferentes países actúen de acuerdo con sus propias preferencias. Pensemos, por ejemplo, en la política fiscal. Es necesario normalizar, por ejemplo, algunas normas tributarias para garantizar un mercado financiero común. Imponer a los ciudadanos suecos, que disfrutan de un sistema más generoso de protección social, la legislación británica sobre la protección social no tiene sentido ni es una condición necesaria para que funcione bien el mercado común. Incluso en Estados Unidos, las normas sobre la protección social varían mucho de unos estados a otros.

El reparto de las competencias entre Bruselas y los gobiernos nacionales a menudo se ha alejado de los principios antes esbozados. No existe una política exterior en el ámbito de la UE. En cambio, Bruselas se ha dedicado cada vez más a establecer normas sobre las políticas sociales que a menudo van en contra de la autonomía nacional de una forma que parece innecesaria. Como muestra la tabla 10.1, el volumen de actos legislativos de la UE en el área de la protección social de los ciudadanos ha experimentado un gran aumento. En el momento actual, la Unión Europea está inmersa en una acalorada discusión con el Reino Unido para obligarle a adoptar una reglamentación sobre las vacaciones obligatorias acorde con el modelo de Europa continental. Como mostramos en el capítulo 3, cada país tiene su propio equilibrio social en lo que se refiere a las horas trabajadas. Bruselas no está teniendo en cuenta esta diferencia al tratar de dictar una política sobre las vacaciones.

Aparte del conflicto entre el intergubernamentalismo y el federalismo, hay otro mucho más importante que ha llegado a dominar el debate europeo: el estilo de gestión económica dirigista de Francia y el estilo de defensa del mercado y el *laissez faire* del Reino Unido. Como cabría esperar, en el primer bando también se encuentra Alemania y en el segundo Irlanda, algunos países del norte de Europa y los nuevos estados miembros de Europa central y oriental. En Francia, el debate que precedió al rechazo de la constitución europea no pudo ser más claro a este respecto. Los dos bandos, el *oui* y el *non*, justificaron sus posturas como una forma de impedir que Francia adoptara medidas de *laissez faire* calificadas de «ultraliberalismo anglosajón», el infausto término acuñado por el presidente francés Jacques Chirac.

El «no» francés ha hecho desaparecer de la mesa los debates exóticos sobre los detalles institucionales y ha sacado a la luz las verdaderas cuestiones. Aunque tradicionalmente Francia y el Reino Unido son ambos intergubernamentalistas, se han convertido en líderes de los dos bandos opuestos de Europa, otra indicación de dónde está el verdadero conflicto. El enfoque del *laissez faire* considera que Europa no es mucho más que un mercado común en el que la mayoría de los países, si no todos, han adoptado una moneda única. El enfoque dirigista concibe Europa como una fortaleza que debe protegerse de alguna forma de la competencia extranjera excesiva por medio de un activo sector público que fomente el desarrollo económico.

Por lo que se refiere a la cuestión de la política exterior y de defensa común, el Reino Unido y Francia también se han situado en bandos opuestos. Para que Europa «sirva de contrapeso» de (eufemismo de «desafíe» a) Estados Unidos, la esperanza de Francia ha sido tradicionalmente la de sacar la política exterior de Europa del paraguas de la OTAN, aunque con el presidente Sarkozy parece que las cosas están cambiando. Gran Bretaña no se opone necesariamente a que exista una política exterior europea, siempre y cuando se conciba en el contexto de la OTAN y, por lo tanto, es más favorable a una alianza transatlántica.

En suma, el conflicto relevante en Europa no es el conflicto entre los federalistas y los intergubernamentalistas. El verdadero conflicto es diferente. Por un lado está la postura económica dirigista y proteccionista francesa, favorable a una política exterior fuera de la OTAN y de espaldas a la influencia de Estados Unidos. Por otro está la visión de Europa como un libre mercado dentro del papel tradicional de la OTAN y de la alianza transatlántica. Hay, sin duda alguna, matices, pues muchos europeos creen tanto en los mercados como en una Europa federada.

Sin embargo, una Unión Europea basada en la visión francesa de la economía no tiene sentido. Es contraria a la propia idea en la que se basa la Unión Europea, que fue crear un gran mercado único. Se ha conseguido en gran medida un mercado único en el caso del mercado de bienes, pero dista de haberse logrado en el del mercado de servicios. Actualmente, los servicios representan casi dos tercios del PIB de los países europeos y el futuro de estos países depende de este sector. La postura reciente de Francia ha frenado seriamente los intentos de la Comisión Europea de crear un verdadero libre mercado en los sectores de servicios. El «patriotismo económico» es una nueva expresión, pero en el campo del comercio el término patriotismo es en realidad un sustituto del término proteccionismo.

Como señalamos en el capítulo 2, la circulación de la mano de obra, especialmente la entrada de trabajadores de los nuevos estados miembros de Europa central y oriental, es una cuestión delicada. Pero la protección de un mercado interno frente a la competencia es un objetivo contradictorio dentro de las uniones económicas, ya que la movilidad del trabajo es en lo que se basan esas uniones. No obstante, uno de los motivos del rechazo francés de la constitución de la UE era el temor a la afluencia de mano de obra barata procedente de los nuevos estados miembros.

La idea de que Europa puede estar abierta como un mercado interno que funciona bien, pero cerrada al comercio procedente de fuera de la «fortaleza» también plantea problemas por una razón obvia. Las grandes empresas europeas tienen establecimientos en todo el mundo. Una Europa inexpugnable sería objeto de represalias comerciales. Además, como Europa necesita atraer a trabajadores inmigrantes, acabaría con las fronteras abiertas a los trabajadores extranjeros y cerradas a los bienes que producen. Esta situación sería contraria a los principios económicos básicos.

Europa ya es proteccionista en algunas áreas. La política agrícola es de nuevo un buen ejemplo. El sector agrícola absorbe casi la mitad del presupuesto de la UE, pero produce menos de un 2 por ciento de su PIB. Recuérdese que casi el 50 por ciento de los actos legislativos de la UE se refieren a la agricultura. El principal beneficiario de la política agrícola de la UE es Francia, que recibe una subvención de más de 9.000 millones de euros, o sea, un 21 por ciento del total (las cifras se refieren a 2004). Esta política, además de no ayudar a reducir la pobreza en el mundo en vías de desarrollo, favorece a los agricultores europeos ricos y está creando conflictos incluso en el seno de Europa, debido a la injusta distribución de las subvenciones.

Contrariamente a la opinión general de que la política agrícola debe proteger al pequeño agricultor y ayudar así a preservar la cultura de las pequeñas comunidades agrícolas, una gran cantidad de dinero está yendo a parar a empresas agroalimentarias y a personas que tienen buenos contactos. He aquí algunos ejemplos: el príncipe Alberto II de Mónaco recibe 300.000 euros al año por las explotaciones agrícolas que posee en Francia y la reina de Inglaterra 546.000 euros (en 2003). En Holanda, los tres mayores beneficiarios de la ayuda agrícola son las grandes empresas Phillip Morris (1,46 millones de euros en 2003), Royal Dutch Shell (660.000 euros) y Van Drie, que es una empresa agroalimentaria (745.000 euros); en España ocurre algo parecido. En el Reino Unido, Nestlé recibió 11,3 millones de euros en 2004; Tate & Lyle, principal empresa refinadora de azúcar de Europa, 127 millones de euros. Éstos son los únicos países de los que hemos podido obtener datos. Sospechamos que en Francia y Alemania también se pagan parecidas cantidades de dinero. ¡Menos mal que se preocupan por el pequeño agricultor europeo! Pero aunque las subvenciones agrícolas pudieran llegar a los pequeños agricultores, la pregunta es por qué habrían de merecer una protección especial.

En el caso de la política exterior y de defensa, existe la posibilidad de adoptar una política común europea fuera de la OTAN que desafíe la supremacía de Estados Unidos. Sin embargo, esa política está abocada a quedarse en un sueño por varias razones. En primer lugar, los países europeos no pueden ponerse de acuerdo sobre el rumbo que debe seguirse. El Reino Unido tiene claramente una postura distinta a la del resto de Europa occidental, donde, como puso de manifiesto la crisis de la antigua Yugoslavia, también existen grandes divergencias. A comienzos de esa crisis de 1995, Alemania y Francia estaban en bandos abiertamente contrarios, debido a las antiguas alianzas que mantenían en la región. Actualmente, la mayoría de los europeos declaran que quieren una política exterior europea, pero aparte de su profundo antiamericanismo, poco tienen en común en cuanto a política exterior. Dentro de Estados Unidos también existen, por supuesto, hondas discrepancias sobre la política exterior y hay grandes diferencias de opinión entre los estadounidenses sobre la intervención de su país en Irak. No obstante, los estadounidenses están dispuestos a permitir que el presidente haga la política exterior y generalmente aceptan sus decisiones mientras está en el cargo. A los europeos aún les queda mucho camino por recorrer para lograr un consenso de esa naturaleza.

En segundo lugar, los europeos deberían gastar más en defensa para llegar a tener la capacidad militar de Estados Unidos, cuyo gasto militar es mayor que el de los 25 países de la UE juntos. Europa gasta alrededor de un 2 por ciento del PIB en defensa y Estados Unidos el 3,5 por ciento. Sin embargo, la principal diferencia se halla en que, antes, Estados Unidos gastaba hasta un 6 por ciento del PIB, por lo que ha acumulado un inmenso arsenal de armamento y tecnología militar. Su ejército es mucho más avanzado que el europeo, hasta el punto de que, según los expertos militares, el ejército estadounidense y los ejércitos europeos tienen dificultades para comunicarse. Como ha señalado recientemente Nicholas Burns, embajador de Estados Unidos en la OTAN, «si no se toman espectaculares medidas para eliminar la diferencia de capacidad, corremos realmente el riesgo de encontrarnos con una alianza en dos niveles». La alianza «está tan desequilibrada», dijo, que «es posible que ya no podamos combatir juntos en el futuro». Las diferencias de tecnología, con la posible excepción del ejército británico, son casi insalvables. Para comenzar a reducirlas, los europeos tendrían que hacer enormes inversiones en gasto militar, que se sumarían a lo que ya gastan y que representa casi un 50 por ciento del PIB en comparación con la cifra del 30 por ciento de Estados Unidos. Es difícil imaginar que los europeos puedan pagar más impuestos de los que ya pagan. Un país tan rico como Alemania sigue siendo incapaz de mandar, conforme a lo previsto, más de un tercio de las tropas prometidas para mantener la paz en Kabul, ya que debe alquilar aviones de transporte rusos o ucranianos en el mercado de aeronaves comerciales. Un país, que los responsables de la OTAN se negaron a identificar, habló de la posibilidad de trasladar tropas a Kabul por ferrocarril. Sin embargo, la fabricación de un avión europeo para el transporte de tropas, el A-400 M, variante del Airbus de propiedad europea, está paralizada por un conflicto surgido en Alemania por causa de su financiación. Y lo que es peor aún, el avión tardará entre ocho y diez años en entregarse. Europa gasta alrededor de 140.000 millones de dólares al año en el ejército, pero sólo una media de alrededor de 7.000 dólares por soldado en investigación y desarrollo, mientras que en Estados Unidos la cifra es de 28.000 dólares por soldado.

En tercer lugar, los europeos son reacios a utilizar la fuerza militar, incluso cuando parece que no hay alternativa, como muestran claramente las crisis de la antigua Yugoslavia. En julio de 1995, los holandeses enviaron tropas destinadas a mantener la paz en Srebrenica. Pero ¿qué «paz» mantuvieron? Bajaron las armas y vieron cómo se masacraba a más de 7.000 civiles musulmanes. Ninguna potencia europea tomó la decisión de bombardear las posiciones serbias. Tuvieron que ser los estadounidenses los que prepararan el bombardeo que contuvo a los serbios. Richard Holbrooke, el enviado de Clinton a Serbia, relata esta experiencia en los Balcanes en su libro *How to End a War*. El Gobierno holandés temía que los ataques aéreos pusieran en peligro a sus propios soldados en Bosnia. Los otros europeos también preferían anteponer la vida de sus soldados a sus obligaciones militares. En la propia frontera de la Unión, se dejó, por tanto, que fueran los estadounidenses, que venían de una zona situada a varios miles de kilómetros de allí, quienes tomaran la iniciativa e intervinieran militarmente. De hecho, era precisamente porque los europeos no habían gastado suficiente en defensa por lo que sus ejércitos corrían más riesgos sobre el terreno que los soldados estadounidenses. Como consecuencia de la aversión europea a usar la fuerza, la intervención militar no es una amenaza creíble y esta circunstancia hace, además, que las presiones diplomáticas sean menos eficaces.

La inexistencia de una política exterior verdaderamente europea no ha detenido la retórica europea sobre ella. Entre 1994 y 1997, en el momento del fracaso de Europa en Yugoslavia, la Unión Europea adoptó 66 posturas comunes sobre casi todas las cuestiones de política exterior y sólo en 1998 emitió 163 declaraciones, lo que significa una cada dos días, incluidos los fines de semana y los días de fiestas. Chris Patten, comisario europeo británico de 1999 a 2004, señaló que «llegaban normalmente una semana o dos después de que pudieran tener alguna influencia».

En suma, una Europa intervencionista con mercados interiores protegidos de la globalización no tiene sentido, y una política exterior única para Europa parece hoy por hoy inviable. La única forma de que avance el proyecto europeo es que culmine el proceso de creación del mercado único. Pero en este caso tampoco puede imponer Bruselas a los países europeos nada que no quieran. Si, por ejemplo, los franceses y los alemanes no quieren que se liberalice el sector servicios, Bruselas no puede obligarlos a liberalizarlo. O si Bruselas quiere una legislación laboral uniforme, no puede imponer al Reino Unido el tipo de legislación del mercado de trabajo que tiene Europa continental. Antes la Comisión Europea conseguía a menudo vencer la resistencia nacional y lograba que se aprobaran sus propuestas (buenas o malas). La experiencia reciente muestra que los intereses nacionales prevalecen fácilmente sobre los intereses de la UE: el Pacto de Estabilidad y Crecimiento se desvaneció a todos los efectos en cuanto los franceses y los alemanes no pudieron cumplir sus normas; la liberalización del sector servicios propuesta por la Comisión fue suavizada por el Parlamento Europeo con el voto de los parlamentarios franceses y alemanes.

La construcción de una Europa unida no ha sido fácil. La Unión Europea ha tenido que abandonar una y otra vez sus sueños ambiciosos. Lo que es importante hoy es que Europa concentre todos sus esfuerzos en las reformas que debería emprender durante los diez próximos años. La reforma económica se puede facilitar garantizando un mercado único y libre que elimine todas las barreras al comercio y a la competencia. Corresponde, además, a todos y cada uno de los órganos de gobierno de la Unión Europea impedir el dirigismo, la retórica huera y la excesiva dependencia de la coordinación de políticas impuestas desde arriba, que es contraproducente y provoca reacciones en contra de la Unión, incluso en contra de las cosas buenas que hace. En el siguiente capítulo abordamos la cuestión de esta retórica.

Apéndice: breve resumen de las instituciones de la UE[1]

El gobierno de la Unión Europea se concibió de tal manera que estuviera formado por tres partes, llamadas pilares. En el centro del primer pilar se encuentran las llamadas cuatro libertades de circulación: de personas, de bienes, de capital y de servicios. Se entiende que estas libertades van acompañadas de un mercado único y de competencia. Algunas otras cuestiones que abarca este pilar son la agricultura, la competencia y el comercio, y las políticas de visados y de asilo (añadidas recientemente). El segundo pilar comprende la Política Exterior y de Seguridad Común (PESC) y el tercer pilar, Justicia y Asuntos Interiores, en el momento actual abarca principalmente la policía y la cooperación judicial en materia penal.

Existe una diferencia fundamental entre el primer pilar y el segundo y tercero: las instituciones de la UE pueden aprobar leyes que son *directamente aplicables* y tienen *primacía* sobre la legislación de los estados miembros en el caso de las cuestiones relacionadas con el primer pilar. En cambio, cualquier decisión que afecte a los otros dos pilares requiere la unanimidad y debe ser aprobada por los parlamentos nacionales para que pueda aplicarse en los estados miembros. A continuación describimos brevemente las principales funciones de cada una de las instituciones de la UE. Utilizamos las siguientes abreviaturas: «Consejo» para el Consejo de la Unión Europea, «Comisión» para la Comisión Europea, «PE» para el Parlamento Europeo, «BC» para el borrador de la constitución y «VMC» para la votación por mayoría cualificada.

[1] Este apéndice procede con pequeños cambios de Alesina y Perotti (2004).

El Consejo Europeo

El Consejo Europeo, que no debe confundirse con el Consejo de la Unión Europea del que hablaremos a continuación, es el foro en el que se reúnen los jefes de Estado de la Unión Europea y el presidente de la Comisión para debatir cuestiones generales. No tiene ningún poder de decisión formal, aunque es el órgano más influyente. Es en él donde se establecen las grandes directrices de la política y se toman todas las decisiones sobre las grandes cuestiones. El Consejo Europeo se reúne una vez al semestre y toma todas las decisiones por unanimidad. La presidencia rota cada seis meses entre todos los estados miembros de la UE.

El Consejo de la Unión Europea

Este órgano tiene tanto poder ejecutivo, que ha delegado en gran parte en la Comisión, como poder legislativo. Todos los reglamentos y las directivas (que son los dos actos legislativos más importantes de la UE) deben ser aprobados por el Consejo, bien conjuntamente con el PE, bien después de consultar con él. El Consejo está formado por un representante de cada país, que normalmente es el ministro nacional encargado de la cuestión que se debate. Por lo tanto, aunque es una única institución, tiene varias encarnaciones. Una de las más visibles es el ECOFIN, que es la reunión de los ministros de economía y hacienda para debatir, controlar y coordinar las cuestiones presupuestarias. En general, en un año normal el Consejo se reúne entre ochenta y noventa veces. Decide por unanimidad en las cuestiones más delicadas (incluidas algunas cuestiones del primer pilar) y en la mayoría de los casos mediante votación por mayoría cualificada. El procedimiento actual de VMC asigna un determinado número de votos a los países miembros en función de su volumen de población, pero ponderado de tal forma que favorece a los países pequeños en relación con la estricta proporcionalidad.

La Comisión Europea

La Comisión desempeña varias funciones. Entre las más importantes se encuentran las siguientes:

1. **Derecho a proponer legislación.** El Consejo y el PE no pueden aprobar ninguna medida legislativa si no ha sido propuesta por la Comisión.

2. **Poder ejecutivo.** La Comisión controla la aplicación de la principal legislación adoptada por la Unión Europea.
3. **Poder regulador.** La Comisión regula principalmente en el área de las empresas públicas.
4. **Poder para hacer cumplir la legislación europea.** La Comisión es la guardiana de los tratados europeos. Si descubre que se ha incumplido un tratado, después de intentar resolver la cuestión, la remite al Tribunal Europeo de Justicia.
5. **«Guardiana» de la Unión Económica y Monetaria.** La Comisión controla el cumplimiento de las políticas económicas acordadas al comienzo de cada año y recomienda diversos tipos de acciones al Consejo en caso de incumplimiento.

La Comisión y su presidente son propuestos primero y nombrados después por los países miembros tras la aprobación del PE. Actualmente, cada país tiene un comisario.

El Parlamento Europeo

El PE es elegido directamente en todos los países miembros por la UE para un mandato de cinco años y comparte el poder legislativo y presupuestario con el Consejo. Su opinión prevalece en cuestiones de «gasto obligatorio» (principalmente la agricultura), mientras que en las demás cuestiones prevalece la postura del PE, un ejemplo más del equilibrio institucional del sistema.

El Tribunal Europeo de Justicia

El Tribunal Europeo de Justicia puede «interpretar» la legislación de la UE y tratar de que se aplique. Tanto los estados miembros como los particulares pueden plantear recursos a través del tribunal de primera instancia. A diferencia de lo que ocurre en Estados Unidos, sus sentencias judiciales no tienen mucho prestigio jurídico en la Unión Europea. Aun así, es un órgano de la UE que ha cobrado considerable importancia. Recientemente, se ha hablado mucho en los medios de comunicación de su intervención en la política de competencia.

11 LA RETÓRICA DEL DIRIGISMO Y LA COORDINACIÓN

La elaboración de la política en el seno de la Unión Europea se debate entre la postura británica y la francesa descritas en el capítulo anterior. Por una parte, la Europa unida ha influido positivamente en la liberalización de algunos sectores (tema que analizamos en el capítulo 7), en la introducción de una moneda única (tema que abordamos en el capítulo 12) y en el fomento de una cierta disciplina presupuestaria (tema del que nos ocupamos en el capítulo 13). Por otra parte, ha sido una fuente de retórica dirigista que ha llevado los debates por un camino equivocado y ha complicado las cuestiones a las que se enfrenta Europa en lugar de aclararlas. La Unión Europea ha establecido unos complejísimos procedimientos, reuniones y revisiones periódicas que exigen la redacción de docenas de documentos de planificación y largas revisiones de estos planes. Aquí analizamos tres ejemplos.

El «proceso de Lisboa» ha adquirido una importancia extraordinaria en Europa, tanta que en algunos círculos parece que el futuro de Europa depende de la aplicación de la «Agenda de Lisboa». En marzo de 2000, los jefes de los estados de la UE acordaron en Lisboa una serie de medidas para lograr una «sociedad basada en el conocimiento». En la tabla 11.1 resumimos los criterios importantes.

Merece la pena hacer algunas observaciones sobre estos criterios. En primer lugar, el establecimiento de objetivos numéricos para cinco y diez años y de proce-

Este capítulo se basa en A. Alesina y R. Perotti, «The European Union: A politically incorrect view», *Journal of Economic Perspective*, otoño, 2004, pp. 27-48.

dimientos para lograrlos recuerda, si no los planes quinquenales estalinistas, sí al menos las políticas industriales de la década de 1970. Como muestra la tabla 11.1, se supone que en 2010 Europa debería lograr, entre otros objetivos, una determinada proporción de población activa, una determinada tasa de paro de larga duración, unas determinadas tasas de escolarización de los niños en centros de preescolar (según la edad), un determinado nivel de población participante en programas de formación de adultos. En segundo lugar, todos los objetivos numéricos son los mismos para todos los países; la diversidad cultural o las diferencias de preferencias entre los países son irrelevantes. Consideremos, por ejemplo, la participación de las mujeres en la población activa y el cuidado de los hijos. Éstas son cuestiones en las que existen, desde luego, considerables diferencias culturales.

Tabla 11.1. Criterios para lograr una sociedad basada en el conocimiento

Tasa de ocupación: total 67% (2005), 70% (2010); mujeres 57% (2005), 60% (2010); trabajadores mayores 50%
Prevención del paro de larga duración: debe ofrecerse a todos los jóvenes y los adultos parados la posibilidad de empezar de nuevo a los 6 o 12 meses, respectivamente
Proporción de parados que participan en medidas activas: 20%
Aumento de la edad media efectiva de salida: en 5 años
Reducción de la tasa de abandono prematuro de los estudios: 10% en el conjunto de la UE y la mitad del porcentaje de 2000 en cada Estado miembro
Aumento del nivel de estudios de las personas de 25-64 años: 80%
Participación de los adultos en la educación y la formación: 15% en el conjunto de la UE y ningún Estado miembro por debajo del 10%
Oferta de plazas escolares para niños de 0-3 años: 33%
Oferta de plazas escolares para niños de 3-6 años: 90%

Fuente: Alesina y Perotti (2004).

En tercer lugar, se presentan controvertidas propuestas de políticas públicas como si fueran verdades obvias. Por ejemplo, una serie de investigaciones han planteado serias dudas sobre la rentabilidad de los programas de formación de adultos, pero estos datos no se tienen en cuenta porque van en contra de la pasión europea por los programas públicos. En cuarto lugar, la retórica dirigista es notable. Citamos un ejemplo característico del discurso europeo procedente de la propuesta de la Comisión para que el Consejo haga una recomendación sobre las políticas italianas de empleo para 2002: "[Italia deberá tomar] medidas para aumentar la flexibilidad del mercado de trabajo y modernizar la organización del trabajo, fomentando al mismo tiempo la sinergia entre la flexibilidad y la seguridad y evitando la marginación de las personas desfavorecidas». Dudamos de que alguien sepa exactamente qué se pretende decir con este lenguaje burocrático, pero podemos adivinar que tiene algo que ver con la necesidad de que Italia flexibilice más el mercado de trabajo, pero sin despedir a los trabajadores. De hecho, es una práctica habitual que todas las formulaciones de políticas en favor de la libertad de mercado vayan seguidas inmediatamente de un reconocimiento de los problemas que ocasiona el exceso de competencia y de una llamada en favor de la protección de los que pueden resultar afectados temporalmente por una reforma radical, etc.

En la tabla 11.2 presentamos otro ejemplo, un extracto de la decisión de Lisboa sobre política cultural e investigación. Como el Consejo Europeo controla los fondos de investigación en Europa, fija las prioridades de la investigación. Es una de estas prioridades en el campo de las ciencias sociales la que citamos en la tabla. Dejando a un lado la pomposidad de la retórica, es asombrosa la actitud hacia una actividad creativa como la investigación. La directiva fija las prioridades que deben tener los investigadores basándose en lo que espera el Consejo de ellos. Obsérvese la referencia a un llamado modelo social europeo, que implica que la investigación que no se enmarca en este modelo no es vista con buenos ojos y no será financiada.

El tercer ejemplo está relacionado con la coordinación de la política fiscal. Desde la introducción del euro, se ha desatado una batalla permanente entre Bruselas, cuya aspiración es imponer a todos los países miembros la misma política presupuestaria, y el deseo de los estados de ir por otros derroteros, especialmente en lo que se refiere a los grandes déficits. El infausto Pacto de Estabilidad y Crecimiento obligaba a los países miembros a mantener sus déficit por debajo del 3 por ciento del PIB. Este pacto a menudo se llama con mayor propiedad Pacto de Estabilidad debido a su énfasis en la estabilidad de los presupuestos. La palabra «crecimiento» se añadió después de que el entonces primer ministro francés Lionel Jospin pensara que era demasiado conservador (anglosajón) hablar únicamente de estabilidad macroeconómica sin hacer referencia alguna al crecimiento. En todo caso, además del requisito básico del 3 por ciento de déficit, el Consejo redactó un complejo conjunto de normas para controlar los presupuestos nacionales entre las que se encontraba la imposición de sanciones a los países que incumplieran el pacto.

Tabla 11.2. Criterios de la UE para los científicos sociales europeos

(I) La sociedad del conocimiento y la cohesión social

La construcción de una sociedad del conocimiento europea constituye un objetivo político claro para la Comunidad Europea. La investigación pretende sentar las bases del saber necesario para garantizar que tal cosa se produzca de manera acorde con las particulares condiciones y aspiraciones europeas.

- Mejora de la generación, distribución y uso del conocimiento y de su impacto sobre el desarrollo económico y social [...]. La investigación se centrará en: características del conocimiento y su funcionamiento en relación con la economía y la sociedad, así como para la innovación y las actividades de creación empresarial, y en la transformación de las instituciones sociales y económicas; dinámica de la producción, distribución y uso del conocimiento, papel de la codificación del conocimiento y repercusión de las TIC; importancia de las estructuras territoriales y de las redes sociales en estos procesos.
- Opciones para el desarrollo de una sociedad del conocimiento [...]. La investigación se centrará en: aspectos de una sociedad del conocimiento en consonancia con los modelos sociales europeos y la necesidad de mejorar la calidad de vida; cohesión social y territorial [...]
- Diversas formas de llegar a la sociedad del conocimiento. [...] La investigación se centrará en: la mundialización en relación con las presiones hacia la convergencia; las consecuencias de este fenómeno sobre la diversidad regional; los retos que plantean a las sociedades europeas la diversidad de culturas y el incremento de las fuentes de conocimientos [...]

(II) Ciudadanía, democracia y nuevas formas de gobernanza

Los trabajos determinarán cuáles son los principales factores que influyen en los cambios en materia de gobernanza y ciudadanía, en particular en el contexto de una creciente integración y mundialización y desde las perspectivas de la historia y el patrimonio cultural [...]. La investigación se centrará en: relaciones entre integración, ampliación y cambio institucional en el contexto de su evolución histórica y desde una perspectiva comparativa [...]

Las actividades de investigación realizadas dentro de este campo temático prioritario incluirán investigación exploratoria a la vanguardia del conocimiento sobre cuestiones estrechamente relacionadas con uno o varios de los temas incluidos en él. Se utilizarán dos enfoques complementarios: uno receptivo y abierto, el otro proactivo.

Fuente: Alesina y Perotti (2004). *Fuente original:* Decisión del Consejo de 30 de septiembre de 2002: Integración y fortalecimiento del Espacio Europeo de la Investigación (2002–2006), *Diario Oficial de las Comunidades Europeas*, 29 de octubre de 2002, pp. L294/7–L294/8.

En un notable caso ocurrido en 2002, se mantuvieron negociaciones con Irlanda sobre su política fiscal que duraron varias semanas. El presupuesto irlandés es (y era) uno de los más sólidos de Europa. En 2002, Irlanda tenía un superávit y el cociente entre la deuda y el PIB había descendido de alrededor del 120 por ciento del PIB en 1988 a un holgado 60 por ciento. El Consejo reprendió a Irlanda e inició los trámites para imponerle sanciones monetarias. La falta que había cometido Irlanda era haber reducido su superávit alrededor de un 0,2 por ciento del PIB: según el Consejo, eso podía haber avivado la inflación. Irlanda estaba incumpliendo efectivamente algunas de las normas relacionadas con la política de gestión del déficit establecidas por la Unión Europea. Pero es vergonzoso que se pudiera reprender a un país que había reducido su superávit un 0,2 por ciento del PIB, ¡sobre todo si se tiene en cuenta que una variación de un presupuesto de un 0,2 por ciento puede deberse a un error de redondeo! Incluso más vergonzoso es el hecho de que entre los países que reprendieron a Irlanda se encontrara Italia, que en ese momento tenía un déficit de alrededor de un 2 por ciento del PIB y un cociente entre la deuda y el PIB ¡de casi un 120 por ciento! El otro giro interesante que tomó este cómico acontecimiento fue que en la formulación de la reprimenda las afirmaciones sobre el efecto que producen los impuestos y el gasto en la inflación se hacían con el más absoluto convencimiento, como si fueran leyes de la naturaleza. Esto es indicativo de otro problema en la elaboración de la política europea. Dicha política se describe como si sus responsables supieran exactamente qué causa cada cosa, cuándo y en qué medida. Esa práctica es, por supuesto, sintomática del dirigismo al estilo francés. Además, el Pacto de Estabilidad da incentivos para practicar la contabilidad creativa. En algunos ministerios europeos de economía y hacienda, se dedican considerables recursos a la elaboración de complejos sistemas para hacer desaparecer gasto y deuda del presupuesto en lugar de dedicarlos a reducir el gasto. El resultado es el cumplimiento formal del pacto de estabilidad, pero los presupuestos nacionales son cada vez menos transparentes.

¿Qué tienen de preocupantes estos ejemplos? Cabría pensar que todas estas actividades, la fijación de objetivos, los libros blancos, los comentarios sobre los libros blancos, las revisiones, etc. son manifestaciones inútiles, pero inocuas, de energía malgastada por parte de funcionarios dirigistas. Pero no es tan sencillo. Comencemos por el proceso de Lisboa. En primer lugar, los responsables de la política europea encargados de la aplicación de la Agenda de Lisboa han desarrollado una tendencia a considerar que los «planes», la intervención y el gasto público son los ingredientes fundamentales para resolver todos los problemas de crecimiento. Este enfoque basado en objetivos lleva el debate en Europa por un camino equivocado. Induce a la opinión pública europea a creer que los responsables de la política saben predecir (¡e influir en!) cosas como las tasas de actividad femenina de dentro de diez años, la tasa de escolarización de los niños en edad preescolar, etc. La impresión que da es que saben arreglar las cosas, por lo que sólo es cuestión de planificar y coordinar más, de idear mejores procedimientos, más normas, más libertad para la intervención pública y más libros blancos. Lo que falta es la lógica intelectual.

Los políticos nacionales, en su trabajo del día a día, han hecho caso omiso casi por completo de la Agenda de Lisboa, sin duda alguna por la falta de realismo de sus objetivos. Hoy por hoy, el Consejo carece de poder para obligar a los gobiernos nacionales a adoptar el tipo de legislación que influiría directamente sobre estos objetivos (por ejemplo, abrir más centros públicos de preescolar). Sin embargo, la presencia de todos los documentos y los objetivos de planificación hace que exista el riesgo de que se intente que se cumplan. Una Comisión especialmente decidida y dirigista podría tomar la Agenda de Lisboa y los documentos derivados de ella y utilizarlos para presionar a los gobiernos nacionales. Por ejemplo, podría obligar al Reino Unido a adoptar programas de protección social como los de Europa continental, que es la razón por la que el Reino Unido recela del proceso de la UE en general. En el extremo opuesto, los países escandinavos, que también ven con recelo el proceso de la UE, podrían correr el riesgo de perder el Estado de bienestar que conocen y aman, y no quieren, desde luego, que nadie interfiera en su política.

El tercer problema de la Agenda de Lisboa es que actualmente se habla de su fracaso, lo cual asesta un golpe innecesario a la percepción de la capacidad del proyecto de la UE para fijar objetivos políticos. De esa forma se corre el riesgo de poner en peligro lo que de bueno tiene la Unión Europea y no sólo los objetivos de Lisboa fijados para 2010. Los europeos no necesitan más pesimismo y más reveses. La sensación de fracaso de la Agenda de Lisboa podría utilizarse para aumentar la centralización y crear más dirigismo. Una respuesta europea característica cuando fracasa un programa público es hacer otro más amplio.

El caso de la política fiscal es un ejemplo de la obsesión de los políticos europeos de Bruselas con la coordinación no sólo de la política monetaria y la política fiscal sino también de la política de protección social y de la política de jubilación de los países miembros. En Europa, «coordinación» es una palabra cargada de connotaciones positivas. Se dice que la mejor manera de dirigir una federación de países es coordinar al máximo sus políticas. Los propios objetivos de la Agenda de Lisboa uniforman la política fiscal, controlada desde la Unión Europea. La idea de la centralización de las políticas es en general una idea francesa, ya que Francia era y sigue siendo en gran medida un país muy centralizado en el que la mayoría de las decisiones se toman en París, mientras que Alemania tiene una tradición muy diferente, derivada de la independencia relativa de sus gobiernos regionales. Los altos funcionarios públicos franceses, educados en las *Grandes Écoles*, ocupan muchos altos puestos en Bruselas y creen firmemente que una buena administración central puede fijar objetivos y elaborar planes. Desgraciadamente, esta mentalidad está comenzando a calar en la burocracia de la UE.

Como señalamos en el capítulo anterior, la cuestión de la coordinación debe concebirse como una disyuntiva entre los beneficios de la escala y la heterogeneidad de las preferencias. Cuando el grupo de países es pequeño, resulta relativamente más fácil ponerse de acuerdo en más políticas, aunque frecuentemente existieran discrepancias entre los quince, como hemos señalado antes. Cuando se amplía el club, se puede coordinar mucho menos, ya que entonces pesa más la heterogeneidad de las preferencias. Cuando se planteó la ampliación de la UE a principios de la década de 2000, algunos observadores señalaron que la integración europea se enfrentaba a una disyuntiva entre el proceso de profundización y el de ampliación territorial. Sostenían que la ampliación requiere menos centralización, menos profundización, pero más extensión territorial. El mensaje se desoyó en gran medida en las altas esferas. La Comisión de la UE, presidida por Romano Prodi, se deleitó, por el contrario, con el esplendor de la ampliación y la profundización, imaginando una Europa mayor y cada vez más cohesionada, que pronto tendría su propia constitución y se parecería cada vez más a una federación. El sueño no duró mucho. El colapso de la constitución propuesta también se debió al miedo de los ciudadanos de los estados miembros originales de la UE a la integración de los nuevos estados miembros.

En nuestra opinión, se ha subestimado infinitamente la dificultad de imponer políticas uniformes a quince países relativamente homogéneos y de extenderlas después a veinticinco países mucho menos homogéneos. De hecho, un efecto positivo de la ampliación europea reciente es que cualquier paso tendente a aumentar el dirigismo y la centralización será más difícil.

Concluimos, pues, este capítulo donde empezamos. La Unión Europea ha desempeñado un papel muy positivo en la liberalización de los mercados. Desgraciadamente, en algunas áreas las instituciones de la UE están siendo sometidas a un tipo de mentalidad, muy europea, que cree que la intervención del Estado es un *curalotodo* en numerosas áreas. Los funcionarios de la UE exageran desmesuradamente, quizá estratégicamente, la necesidad de coordinar las políticas, ya que serán ellos los que participen en la propia coordinación supranacional y ellos los que verán aumentado su poder como consecuencia.

12 EL EURO

Muchos observadores, responsables de formular la política e incluso algunos economistas han acusado al euro y a la política del Banco Central Europeo (BCE) de estar detrás del bajo crecimiento, del elevado paro y del malestar económico general reinante en una gran parte de Europa. Por ejemplo, Giulio Tremonti, antiguo ministro de economía de Italia, ha culpado repetidamente al euro de casi todos los problemas de la economía italiana. El BCE es acusado a menudo de prestar tanta atención a la inflación que impide cualquier posibilidad de que Europa se recupere.

Estas percepciones son falsas casi por completo . En este capítulo explicamos por qué y mostramos que el debate sobre el euro no es más que una pista falsa que desvía la atención del debate sobre los verdaderos problemas de Europa. El euro ha planteado, sin duda alguna, muchos retos a las economías europeas, pero es la incapacidad para hacer los debidos ajustes estructurales lo que ha creado problemas, no el euro en sí. Echarle la culpa al euro es como echarle la culpa a un examen cuando decidimos hacerlo, no nos preparamos y después suspendemos.

La adopción del euro fue un importante paso adelante para Europa y un paso radical para los políticos europeos que normalmente son lentos cuando se trata de reformas. El euro, como pilar de la integración europea, fue en conjunto una buena idea. Ahora que Europa tiene una moneda única, la salida de uno de los países grandes sería un duro golpe para el concepto de Unión Europea. También podría provocar considerables perturbaciones financieras, dependiendo de cómo ocurriera, y exacerbar otros problemas estructurales que han frenado el crecimiento en Europa. Es, pues, fundamental para el bienestar de Europa aprender a convivir con el euro.

Desde el punto de vista puramente económico, una moneda única tiene muchas ventajas: facilita el comercio de bienes y servicios sin riesgos cambiarios y costes de conversión; aumenta la transparencia de los precios de los distintos países; integra los mercados financieros; mejora la competencia sin el riesgo de que se produzcan devaluaciones competitivas por las que uno de los países devalúa su moneda para abaratar sus exportaciones, provocando una reacción en cadena de los competidores que genera inflación; y, por supuesto, el Banco Central Europeo, comprometido con la estabilidad de los precios, lo que elimina el riesgo de que la inflación sea alta en los países especialmente propensos a entrar en espirales inflacionistas. Para algunos estados miembros, como Italia, España, Portugal y Grecia, la admisión en la zona del euro fue un símbolo de aceptación en un club de países que tenían una política macroeconómica respetable. Los beneficios fueron inmediatos. Los intereses que tenía que pagar Italia por su elevada deuda pública (alrededor de un 120 por ciento del PIB en el momento de entrar en la zona del euro) disminuyeron inmediatamente al equipararse los tipos de interés con los de Alemania. La eliminación del riesgo de devaluación inherente a la desaparecida lira fue el factor más importante para la mejora de las cuentas públicas italianas. Si Italia no hubiera entrado en la zona del euro, los altos tipos de interés y los elevados déficits habrían aumentado aún más y es probable que hubieran obligado a Italia a suspender el pago de su deuda pública. Eso habría tenido importantes consecuencias negativas no sólo para la estabilidad financiera italiana sino también para Europa en general.

Los costes también estaban claros. La adopción del euro ha significado la pérdida de la independencia nacional en la política monetaria interior y de la flexibilidad del tipo de cambio. En la zona del euro, la política monetaria y la política de tipo de interés son decididas por el Banco Central Europeo, que tiene que prestar atención a las variables macroeconómicas medias de toda la zona del euro. Si un país crece menos que la media, no puede exigir una política monetaria más expansiva y si su inflación es superior a la media, no puede conseguir una política monetaria más restrictiva. Por esta razón, los economistas que suscriben la creencia de que la política monetaria es un importante instrumento de ajuste de la economía tienden a pensar que el euro es un problema.

Las discrepancias entre los economistas sobre el euro se han debido esencialmente a que han concedido distinta importancia a los pros y los contras antes señalados. Los pesimistas predijeron que al menor indicio de recesión en la zona del euro, las asimetrías entre los países miembros y la idea de las devaluaciones competitivas, de indudable atractivo político, aumentarían las tensiones entre los miembros y pondrían en peligro los acuerdos de la zona del euro. Esa predicción se ha cumplido en cierto sentido. Actualmente, algunos destacados políticos acusan al euro del lento crecimiento de su país. Como consecuencia, unos cuantos políticos de segunda fila y menos reflexivos han sugerido abiertamente la posibilidad de abandonar el euro. Algunos economistas como Martin Feldstein, profesor de la Universidad de Harvard, y el premio Nobel Milton Friedman habían predicho que la adopción del euro intensificaría extraordinariamente los conflictos políticos entre los países europeos y que incluso aumentaría la probabilidad de que estallara alguna guerra. Las predicciones más sombrías sobre los conflictos intraeuropeos eran exageradas, pero los políticos europeos a veces sí se lamentan del corsé que impone la política monetaria común.

En cambio, los optimistas señalan el excelente ejemplo de Estados Unidos, donde existen diferencias regionales de crecimiento y ninguna presión para volver a las monedas regionales. La unidad política es, por supuesto, mucho mayor en Estados Unidos. Merece la pena señalar que Estados Unidos no nació con una moneda única. Tuvo que haber unidad política durante varias décadas antes de que se introdujera una moneda única, como han señalado los pesimistas. Los economistas tenían razón en muchos aspectos al identificar los pros y los contras del euro; los hechos han dado la razón a la postura intermedia. El análisis más ingenuamente optimista, que predecía que el euro sería una especie de gran salto adelante para Europa, demostró ser falso, y lo mismo ha ocurrido con el más pesimista, que predijo el fracaso inmediato del euro con la creación de considerables tensiones entre los miembros.

En el terreno de la política, también había dos bandos. Los que presionaban para que se adoptara el euro por motivos políticos eran los (ingenuos) entusiastas europeos para los que siempre es mejor por definición que haya más coordinación y más unidad. Sostenían que una moneda única llevaría a los países miembros a adoptar políticas más uniformes, una clara bendición por definición. Como mostramos en el capítulo anterior, la coordinación no es buena en algunas áreas, pero no es «buena por definición» en ninguna área de la política económica. Aun así, la introducción de la moneda única se utilizó para justificar la petición de coordinación de toda una variedad de políticas, muchas de las cuales no tienen nada que ver con la moneda única. Otros adujeron el argumento más pertinente de que el euro aumentaría los incentivos para adoptar las reformas estructurales necesarias para fomentar el crecimiento, puesto que ya no se podrían hacer devaluaciones competitivas ni ajustes monetarios. Sostenían, además, que el euro intensificaría extraordinariamente la competencia dentro de Europa, aumentando las presiones para introducir reformas estructurales. Los pesimistas sostenían que lo único que haría el euro sería cerrar una vía de flexibilidad de la política económica sin generar ninguna respuesta positiva estructural.

Una vez más (dejando a un lado a los ingenuos entusiastas del euro), el debate no se equivocó al identificar la existencia de fuerzas contrapuestas. Al final, la postura correcta fue la intermedia, más moderada. La adopción del euro sí dio un impulso a la integración europea, un impulso que podría y debería haberse empleado mejor en un área solamente: la creación de un verdadero mercado único de bienes y servicios, incluidos los intermediarios financieros. Los gobiernos europeos estuvieron lentos en esta área y algunos incluso dieron marcha atrás. Al mismo tiempo, la Comisión Europea utilizó el euro como excusa para presionar a favor de una integración mayor en toda una variedad de áreas en las que, como señalamos en los capítulos 10 y 11, la integración es innecesaria e incluso perjudicial.

Por ejemplo, la Comisión se equivocó al imaginar una unión con políticas fiscales estrechamente coordinadas. La necesidad de coordinación de la política fiscal se exageró en Bruselas y en algunas ocasiones ha resultado incluso contraproducente, como señalamos en el capítulo anterior con el ejemplo de Irlanda. De hecho, se podría sostener incluso lo contrario, a saber, que dado que la política monetaria es la misma para todos los países de la zona del euro, lo que se necesita, más que coordinación, es *más* flexibilidad fiscal, no menos.

¿Y qué decir de la predicción de los optimistas del euro de que una vez eliminadas las políticas monetarias nacionales, los países europeos avanzarían en el área de las reformas estructurales, a saber, las reformas de los mercados de trabajo, de bienes y de servicios? Estas reformas, al reducir algunas rigideces, habrían permitido a las economías responder más deprisa a las perturbaciones negativas. Eso no ocurrió, sin embargo, con suficiente rapidez y profundidad. Como señalamos en el capítulo 4, algunos países sí introdujeron algunas reformas en el mercado de trabajo (Dinamarca, Suecia y, en mucha menor medida, Italia y Alemania). Otros como Francia hicieron muy poco, pero en conjunto el ritmo de las reformas estructurales europeas ha sido demasiado lento y demasiado tímido. En el área de los servicios, desde las finanzas hasta el gas y la electricidad, las reformas han sido especialmente decepcionantes.

La causa de las dificultades económicas actuales de Europa no es el euro sino el lento ritmo con que se han introducido reformas en el lado de la oferta. Es cierto que el euro hace más difícil la vida en los países que no han hecho reformas: ya no son posibles las devaluaciones que estimulan durante un tiempo las exportaciones incluso en las economías menos competitivas. Pero eso es beneficioso, ya que debería ser un incentivo para introducir reformas y eliminar la tentación de llevar a cabo devaluaciones competitivas que son como una droga adictiva para la economía.

Así pues, siete años después de la introducción del euro, estamos comenzando a observar algunos indicios preocupantes. En primer lugar, el euro, en lugar de servir de estímulo para acelerar las reformas, va acompañado de un resurgimiento del proteccionismo. En Francia, en particular, todos los políticos, independientemente de su ideología, consideran que la suspensión de las normas del mercado interno, que prohíben la concesión de ayuda pública a las empresas, es una forma aceptable y bastante deseable de proteger la industria francesa y de «elegir campeones tecnológicos» subvencionándolos. En Portugal, la situación económica es cada vez más difícil y las soluciones no son obvias a primera vista. Los salarios nominales portugueses, alimentados por una expansión del consumo tras la entrada en la zona del euro y por el descenso de los tipos de interés, han subido en siete años un 30 por ciento en total. La inflación ha eliminado dos tercios de esta subida, pero aun así los salarios reales han crecido casi un 10 por ciento. Como la productividad se ha mantenido estable, este aumento de los salarios reales se ha traducido en un incremento de los costes laborales por trabajador (29 por ciento). Italia ha obtenido unos resultados sólo un poco mejores: los salarios nominales han subido un 21 por ciento, los costes laborales por trabajador un 18 por ciento y los salarios reales un 3,2 por ciento. ¡No tiene nada de extraño que Portugal e Italia hayan tenido dificultades para exportar! En estos países, especialmente en Italia, China se ha convertido en la causa funesta de todos los problemas económicos, pero la realidad es que Italia y Portugal están perdiendo terreno frente a Alemania, donde en siete años los costes laborales por trabajador sólo se han incrementado un 3,4 por ciento, lo que ha hecho que aumenten sus exportaciones a China. Las carreteras chinas están llenas de automóviles Audi conducidos, entre otros, por los numerosos burócratas chinos que tienen derecho a un automóvil oficial.

Estos hechos plantean dos cuestiones. ¿Cómo se metieron Portugal e Italia (y España va camino de encontrarse en una situación parecida) en este lío y cómo pueden salir? ¿Existe el riesgo de que la salida sea el abandono del euro? Comenzando por las razones por las que se metieron en este lío, uno de los factores subyacentes es la falta de competencia en el sector servicios, que ha avivado la inflación en toda la economía. Examinemos de nuevo el caso de Italia. Desde que adoptó el euro, el precio de los servicios bancarios ha subido un 38 por ciento (más de un 5 por ciento al año), los seguros de automóvil un 31 por ciento y los hoteles y los restaurantes un 18 y un 15 por ciento respectivamente, mientras que los precios industriales se han incrementado menos de un 6 por ciento, es decir, un 1,5 por ciento al año. La subida del precio de los servicios locales poco competitivos reduce el poder adquisitivo de los salarios. Los trabajadores tratan de compensarlo demandando subidas salariales, pero el euro y la competencia internacional no permiten a las empresas repercutir las subidas de los salarios en los precios. Los beneficios disminuyen (salvo, por supuesto, los de los bancos y las compañías de seguros) y las empresas se encuentran en dificultades.

Otro factor ha sido la congelación casi absoluta del crecimiento de la productividad, debido en parte a la falta de innovación, tema que analizamos en el capítulo 5, y en parte a la desaceleración provocada por el incremento de los costes. Estos países han mantenido, además, una estructura industrial que es especialmente vulnerable a la competencia procedente de las nuevas exportaciones del sudeste asiático.

Antiguamente, una ronda de devaluaciones habría sacado a Portugal y a Italia de la crisis económica, al menos durante un tiempo. Con el euro, la única forma de salir de ella es la moderación de los salarios reales y un enorme incremento de la productividad. Ninguna de las dos cosas es fácil. En Portugal, el Gobierno acaba de anunciar un grandioso plan de inversión pública en infraestructura y en I+D, imaginando que la nueva infraestructura será suficiente para atraer inversión extranjera directa y relanzar el crecimiento de la productividad. En Italia, los aranceles y los contingentes sobre las importaciones se han convertido en palabras de uso corriente entre los políticos. El resultado más probable es, como hemos señalado, un lento crecimiento. Pero con esa perspectiva, ¿sobrevivirá el compromiso de Italia con el euro? ¿Por qué sufrir una recesión si una devaluación puede reducir los salarios reales de la noche a la mañana? Portugal tiene que renunciar a la subida de los salarios reales del 10 por ciento que no está justificada por un aumento de la productividad, y quizá incluso a más.

El BCE está convirtiéndose, junto con el euro, en otro blanco de la incapacidad de Europa para abordar sus verdaderos problemas. En lugar de atacar al atrincherado poder político de algunos de dentro –los sindicatos, las empresas monopolísticas, los que contratan en los mercados financieros utilizando información privilegiada– que impiden la adopción de reformas, los políticos europeos a menudo atacan al BCE.

El BCE ha sido acusado primero de no defender el euro lo suficiente cuando en otoño de 2000 cayó a alrededor de 0,85 euros frente al dólar americano. En ese momento, algunos entusiastas defensores del euro no dejaron pasar la oportunidad de esgrimir el (peculiar) argumento de que la debilidad del euro se debía a la falta de unidad política de Europa. Después, el BCE ha sido acusado de no impedir que el euro se apreciara demasiado (¿había quizá «demasiada» unidad política ahora?). En términos más generales, el BCE ha sido acusado de estar demasiado obsesionado con la inflación y no lo suficientemente preocupado por el crecimiento. Estas acusaciones han continuado lanzándose incluso cuando los tipos de interés reales de la zona del euro han sido cero o incluso negativos.

La acusación de que el BCE ha fracasado es injusta. Ninguna persona y ninguna institución son perfectas y el BCE haría muy bien en invertir en más capacidad de comunicación con el público. Pero la política monetaria que se ha seguido en Europa ha sido razonable, por lo que no puede hacérsele en modo alguno responsable de los mediocres resultados económicos de la región. Sin embargo, aunque la política del BCE ha sido moderada, sus métodos de comunicación han sido bastante torpes. El BCE repite una y otra vez que su único objetivo es la estabilidad de los precios, sin explicar que eso es lo mismo que mantener la demanda en un nivel cercano al nivel de crecimiento de la producción potencial de la economía. El BCE debería incluir en su retórica el (indudable) papel que desempeña en la protección del crecimiento europeo.

Los ataques contra el BCE han venido de dos frentes: los gobernantes interesados en desviar las críticas que iban dirigidas contra su incapacidad para resolver los verdaderos problemas de Europa y algunos economistas empeñados en concentrar la atención en el lado de la demanda de la economía, sin tener en cuenta que la causa subyacente de los problemas de Europa está en el lado de la oferta. El primer grupo de críticos trata de convencer a su electorado de que una de las principales causas del lento crecimiento de Europa y de su elevado paro es la política monetaria dura del BCE, que está demasiado obsesionado con la inflación. El segundo grupo de críticos a menudo compara el BCE con el Fed en términos negativos: se considera que el Fed es el adalid del crecimiento de Estados Unidos y el BCE el culpable del estancamiento europeo. Esta comparación da excesiva importancia a la política monetaria como motor de un crecimiento continuado y exagera los logros del Fed cuando se comparan con los supuestos fracasos del BCE. De hecho, se podría argumentar que el Fed ha sido demasiado blando y ha contribuido a crear una burbuja en algunos mercados (como el de la vivienda) debido a que los tipos de interés han sido muy bajos durante muchos años. La política monetaria es un poderoso instrumento para la gestión macroeconómica a corto plazo, pero recuérdense estas palabras: a corto plazo. El inminente declive de Europa no es un problema a corto plazo; la política monetaria no puede hacer nada para prevenirlo.

¿Ha sido entonces el euro una idea buena o mala? En nuestra opinión, la adopción del euro ha sido en general una idea buena. Para una zona tan integrada desde el punto de vista económico como Europa puede ser sumamente beneficiosa la eliminación del riesgo de tipos de cambio, de los costes de conversión, del aumento de la transparencia de los precios relativos y de la mejora de las comunicaciones financieras. Si no hubiera existido el euro y no se hubiera producido la reducción de los tipos de interés que trajo consigo, algunos países (como Italia y Grecia) podrían haberse sumido en una crisis financiera y haber arrastrado con ellos a sus vecinos a un caos financiero. Los problemas actuales de las economías europeas no se deben al euro, sino a que no se han adoptado las medidas del lado de la oferta y de fomento de la competencia que habrían permitido que el euro surtiera plenamente sus efectos beneficiosos.

Es demasiado pronto para suponer que el euro durará indefinidamente y que los europeos no deberían considerar bajo ninguna circunstancia la posibilidad de renunciar a él. Si se posponen mucho más las reformas y el estancamiento continúa, se extenderá la retórica contra el euro que hoy vemos de vez en cuando. La salida de algunos países de la unión monetaria no es inconcebible, aunque sí improbable. Sería un duro golpe, no sólo para los países que salieran sino también para el propio proyecto de una moneda europea única.

13 AJUSTES PRESUPUESTARIOS

Los países que no crecen lo suficiente y que están necesitados de reformas a menudo se encuentran en un aprieto causado por culpa de sus cuentas públicas. Por un lado, tienen un déficit; por otro, algunos de los remedios necesarios, como una reducción de los impuestos, pueden empeorar el déficit. A veces las reformas de las pensiones que entrañan grandes ahorros presupuestarios a largo plazo generan un déficit a corto plazo. Aunque las reformas necesarias no cuesten dinero público (la liberalización del mercado de trabajo, la eliminación de las barreras comerciales en algunos sectores, etc.), a menudo hay que establecer algún sistema de indemnización para reducir o paliar el coste que estas reformas imponen a algunas personas. Pero los ajustes presupuestarios equivocados, como las subidas de los tipos impositivos marginales, pueden impedir el crecimiento. Esa es la razón por la que los ajustes presupuestarios, algo que muchos países de Europa necesitan hacer, pueden complicar profundamente la aplicación de reformas que mejoren el crecimiento.

Antes, muchos países de ambos lados del Atlántico tenían dificultades para mantener en orden sus presupuestos, por lo que aparecían periódicamente grandes déficits presupuestarios. A finales de los años setenta y en los ochenta, estos déficits presupuestarios fueron la regla más que la excepción. Después vino un periodo de reducción de los déficits (véase la figura 13.1); hoy han vuelto a aparecer.

En 2004, Estados Unidos tuvo un déficit presupuestario de un 4 por ciento del PIB, mientras que a finales de los años noventa tuvo un superávit de un 1,3 por ciento del PIB. Los países de la zona del euro tuvieron un déficit medio del 2,8 por ciento del PIB; los mayores infractores fueron Italia con un 3,2 por ciento, así como Francia y Alemania con un 3,7 por ciento. Algunos de estos déficits están aumentando.

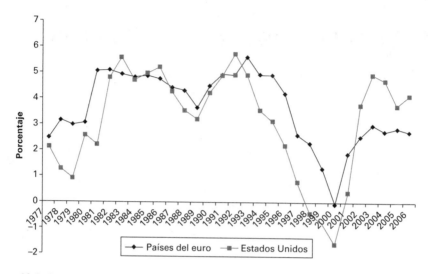

Figura 13.1. Cociente entre el déficit y el PIB en la Unión Europea y en Estados Unidos desde 1975. Las cifras de 2005 y 2006 son proyecciones. *Fuente:* OECD Economic Outlook, diciembre, 1995.

Antes de seguir adelante, debemos disipar la falsa impresión de que los déficits presupuestarios siempre son un problema y de que deben evitarse a toda costa. No es así. Los déficits presupuestarios temporales forman parte de la caja de herramientas de un buen responsable de la política económica. Durante las recesiones, es probable que aparezcan déficits, ya que los ingresos fiscales son temporalmente bajos. Sería un error subir los tipos impositivos en una recesión para equilibrar el presupuesto. Además, si el gasto público es temporalmente alto debido, por ejemplo, a una guerra o a una catástrofe natural, es un error subir a corto plazo los tipos impositivos para mantener equilibrado el presupuesto. Los déficits (y los superávits) presupuestarios desempeñan un papel muy útil en la suavización de las fluctuaciones temporales de los ingresos fiscales y del gasto. Evidentemente, los déficits se convierten en un problema cuando duran mucho; generan grandes deudas y son un indicio de una incapacidad permanente para mantener el gasto a la par de los ingresos fiscales.

Aunque los niveles de los déficits de Estados Unidos y de Europa son parecidos actualmente, sus causas son muy diferentes. El déficit actual de Estados Unidos se debe a tres factores que tienen relativamente el mismo peso: las guerras de Afganistán y de Irak, las reducciones de los impuestos llevadas a cabo por el presidente George W. Bush durante su primer mandato y los incrementos de los gastos civiles, especialmente en asistencia sanitaria. Dejando a un lado las dos guerras, a la mayoría de los economistas les parecen excesivas tanto las reducciones de los impuestos como el aumento de los gastos civiles, sobre todo si se tiene en cuenta el inminente déficit de la seguridad social. En el caso de Europa, los déficits actuales son el resultado tanto de la incapacidad de los gobiernos para controlar el gasto corriente como del efecto que ha producido el prolongado periodo de bajo crecimiento en los ingresos fiscales.

La creación de la unión monetaria exigió adoptar una política fiscal restrictiva, pero poco después de la adopción del euro las principales economías continentales volvieron a experimentar grandes déficits. Para ser admitido en la zona monetaria había que tener un déficit inferior a un 3 por ciento del PIB y una deuda inferior a un 60 por ciento del PIB; sin embargo, el nivel de deuda apenas se tuvo en cuenta. En la mayoría de los países, era de más del 60 por ciento, e Italia y Bélgica fueron admitidas ¡con el doble de ese nivel! En cambio, se obligó a cumplir el criterio del déficit, y algunos sostienen que se hizo explícitamente para mantener fuera de la unión a Italia, país fiscalmente frágil. No obstante, Italia fue finalmente admitida. Poco después de la creación de la unión monetaria, el Pacto de Estabilidad y Crecimiento estableció unas normas para mantener el equilibrio presupuestario. Pero el Pacto también fue incumplido después de unos años por Italia, Francia, Alemania y Portugal. A pesar de que se ha intentado en varias ocasiones imponer unas normas presupuestarias, en la práctica actualmente no se cumple ninguna, aunque la Comisión Europea y el Ecofin de Bruselas actúan como si se cumplieran y celebran reuniones con los ministros de economía y los funcionarios de los países miembros y los reprenden habitualmente por sus déficits. Aunque los países de la UE negocian con Bruselas sobre lo que es o no aceptable como déficit, el cumplimiento de las normas es irregular. Nuestra impresión es que actualmente los grandes países europeos pueden hacer casi todo lo que quieran con los déficits.

Tanto Estados Unidos como los países europeos tienen problemas presupuestarios a largo plazo, además de los déficits actuales: especialmente en el área de la asistencia sanitaria en Estados Unidos y en el área de las pensiones en Europa continental. Los mayores «agujeros» del sistema de pensiones se encuentran en Alemania. Los debates sobre cómo reformar las pensiones alemanas han durado diez años, pero hasta ahora no se ha hecho nada. Aunque los políticos han dado largas al asunto, temerosos de que una reforma decidida de las pensiones les restara votos, la población alemana está preocupada. Las investigaciones de uno de nosotros (Giavazzi) sobre los hogares alemanes indican que los que están más preocupados por la viabilidad del sistema actual de protección social ahorran más, trabajan más y consumen menos. En Alemania, la tasa de ahorro de una persona de 35 años, relativamente más preocupada por la incapacidad del Gobierno para abordar la cuestión de la viabilidad del sistema de pensiones, es un 6 por ciento más alta que la de una persona menos preocupada. A los 55 años, la tasa de ahorro aumenta casi un cuarto. Los europeos no son ingenuos: saben lo que puede avecinárseles.

Los estadounidenses han recurrido a bajar los impuestos para estimular la economía y tal vez, como sostienen algunos, incluso demasiado. Es muy difícil que los países europeos apliquen el estímulo fiscal de la reducción de los impuestos. La mayoría de los países europeos tienen grandes sectores públicos (la media europea de gasto público representa casi un 50 por ciento del PIB). Algunos tienen una elevada deuda acumulada que puede convertirse en una carga fiscal si los tipos de interés suben. En Estados Unidos, los periodos de reducción de los impuestos de principios de los años sesenta, mediados de los ochenta y principios de la década de 2000 fueron seguidos de una aceleración del crecimiento, por lo que las reducciones de los impuestos contribuyeron extraordinariamente a reducir los déficits. Los déficits acumulados en la década de 1980 se convirtieron en un superávit a finales de los años noventa debido casi exclusivamente al continuo y prolongado periodo de expansión. El presidente Clinton mantuvo el gasto bajo control, pero no tuvo que adoptar medidas draconianas o subir mucho los tipos impositivos para lograr un superávit, debido precisamente a que en la década de 1990 la economía de Estados Unidos estuvo creciendo continuadamente a una tasa excepcional. Observe el lector que este argumento no se basa en un ingenuo análisis económico «del lado de la oferta», a saber, que las reducciones de los impuestos se financian solas, por lo que la bajada de los tipos impositivos aumenta los ingresos. Son, más bien, las reducciones de los impuestos bien pensadas las que estimulan el crecimiento, y entonces las reducciones del gasto necesarias para mantener el presupuesto equilibrado no tienen que ser excesivamente grandes.

Francia, Alemania e Italia tienen problemas mucho más difíciles que los de Estados Unidos. Su incapacidad para reducir significativamente el gasto, unida a su bajo crecimiento, ha exigido unos impuestos elevados que han reducido los incentivos de la gente para trabajar e invertir. Como señalamos en el capítulo 3, los elevados tipos impositivos marginales europeos son responsables, al menos en parte, de la prolongada disminución de las horas trabajadas y de las pequeñas tasas de población activa de Europa continental.

¿Puede permitirse Europa una reducción significativa de los impuestos? Sí, pero sólo si va acompañada de una reducción compensatoria del gasto público. ¿Tendrá esta reducción del gasto consecuencias económicas negativas? ¿Y es viable desde el punto de vista político?

Por lo que se refiere a la primera pregunta, los datos de muchos países miembros de la OCDE sobre los ajustes presupuestarios llevados a cabo entre finales de los años ochenta y mediados de los noventa han suministrado a los investigadores una gran cantidad de información sobre los efectos de los grandes cambios de la política fiscal. Estos datos muestran, en particular, qué ajustes presupuestarios dan resultado y cuáles no. A continuación, exponemos algunas conclusiones interesantes.

En primer lugar, las reducciones de los déficits de los países miembros de la OCDE que se basan en un recorte del gasto tienen muchas más probabilidades de durar que las que se basan en una subida de los impuestos. En general, los recortes del gasto logran un ajuste más permanente del presupuesto que las subidas de los impuestos. ¿Por qué? El bloqueo del crecimiento automático de muchos programas de gasto, especialmente de los programas de protección social, es una condición necesaria para el saneamiento de un presupuesto, mientras que las subidas de los impuestos sólo son un parche temporal. Las reducciones del gasto también indican que un Gobierno tiene la firme decisión de corregir el gasto presupuestario y que pretende bajar los tipos de interés. La reducción de los tipos de interés contribuye a ajustar un presupuesto.

En segundo lugar, entre las reducciones del gasto, las áreas en las que hay más probabilidades de lograr un saneamiento presupuestario duradero son el empleo público (la reducción del crecimiento de los salarios y/o la reducción del número de empleados públicos) y los programas de transferencias. Éstas son las partidas del gasto público más propensas a aumentar automáticamente, por lo que detener su crecimiento es especialmente beneficioso y una condición *sine qua non* para que el saneamiento sea duradero. El problema estriba en que en Europa la extraordinaria seguridad de empleo de los empleados públicos hace que resulte muy difícil reducir su número y los sindicatos, agresivos y poderosos, se dan mucha maña para conseguir subidas salariales. La evolución de los programas de protección social es, por supuesto, un problema a ambos lados del Atlántico: esa es la razón por la que las reformas de las pensiones públicas y las reformas de la sanidad se han convertido en cuestiones palpitantes.

En tercer lugar, es menos probable que los ajustes presupuestarios basados en una reducción del gasto provoquen recesiones, incluso a corto plazo (en comparación con los ajustes basados en una subida de impuestos). Este resultado se conoce a veces con el nombre de «efectos no keynesianos» de la política fiscal. Indica que es posible eliminar los déficits presupuestarios sin provocar una disminución del crecimiento y, de hecho, un crecimiento continuado durante el proceso de ajuste contribuye al propio ajuste, al mantener los ingresos fiscales. ¿Cómo es posible eso? En el lado de la demanda, las reducciones permanentes del gasto público indican una disminución de las necesidades futuras de ingresos por parte del Estado, por lo que el consumidor se siente más rico y, por lo tanto, sigue consumiendo.

Como se confía en que los impuestos disminuyan, la renta neta (antes de impuestos) esperada aumenta. Además, la señal de una restricción fiscal por parte del Gobierno puede reducir los tipos de interés y estimular así la inversión. En el lado de la oferta, se producen otros efectos significativos. La disminución de los impuestos reduce los desincentivos para trabajar y el coste de la mano de obra para las empresas. Y a la inversa, la subida de los impuestos disuade de trabajar y el aumento de los impuestos sobre la renta a menudo se traduce en una demanda de subida de los salarios antes de impuestos para compensar la reducción de los salarios después de impuestos, lo cual eleva los costes laborales de las empresas. En las economías sindicadas, las reducciones (o el lento crecimiento) de los salarios públicos y del empleo público pueden traducirse, además, en una moderación salarial en el sector privado y provocar así una reducción de los costes laborales, un aumento de la rentabilidad y un incremento del gasto en inversión. La razón se halla en que en los mercados de trabajo con fuerte poder sindical las subidas de los salarios del sector público pueden influir en el poder de negociación de los sindicatos en el sector privado. De hecho, algunos casos de grandes saneamientos presupuestarios han ido seguidos no sólo de un crecimiento sostenido del consumo privado, sino también de un aumento de la inversión y, como consecuencia, la economía ha experimentado un crecimiento incluso durante el ajuste presupuestario.

El ejemplo por excelencia del éxito de un ajuste presupuestario expansivo y duradero es el de Irlanda en 1987-1989. Irlanda pasó en un periodo aproximado de cinco años de un déficit de casi un 6 por ciento del PIB a un superávit de más de un 2 por ciento. Los gastos primarios (excluidos los pagos de intereses) se redujeron alrededor de un 8 por ciento del PIB, pasando del 43 al 35 por ciento. Los ingresos del Estado se mantuvieron casi constantes e incluso disminuyeron algo en porcentaje del PIB. El empleo público se redujo un 10 por ciento (de 300.000 a 270.000 empleados públicos). Durante esos mismos años, el crecimiento del PIB de Irlanda saltó de 0 a casi el 6 por ciento al año. El paro bajó del 10 al 8 por ciento. Desde entonces, Irlanda se ha convertido en el tigre de Europa, creciendo mucho más que cualquier otro país de la UE. A este éxito contribuyó una devaluación de la moneda.

Un ejemplo anterior de éxito de un ajuste presupuestario expansivo basado en una reducción del gasto es el de Dinamarca. Entre 1982 y 1983, Dinamarca pasó por una experiencia similar a la de Irlanda. Un ejemplo parecido es el de Australia entre 1986 y 1987. En todos estos casos, las reformas se llevaron a cabo rápidamente. Para aumentar la confianza de la gente en el Gobierno y en la economía es necesaria una actuación resuelta. Si la gente no cree que el saneamiento presupuestario irá acompañado de una mejora de la economía, habrá una pérdida de confianza de los consumidores y de las empresas. Ambos son necesarios para evitar una recesión.

Italia tomó el rumbo contrario. A partir de principios de los años noventa, puso en marcha una larga serie de reducciones del déficit para cumplir las condiciones fiscales necesarias para entrar en la unión monetaria europea. El ajuste presupuestario fue gradual y se basó casi exclusivamente en los ingresos. Los ingresos fiscales en porcentaje del PIB aumentaron del 39 por ciento en 1987 al 47 por ciento en 1999 cuando Italia fue admitida en la Unión Europea. Desde entonces, se han mantenido por encima del 45 por ciento del PIB. Durante todo este periodo, el crecimiento fue lento en Italia y desde 2005, con un déficit previsto de alrededor de un 4 por ciento del PIB y una deuda pública próxima al 120 por ciento del PIB, las cuentas públicas italianas se encuentran de nuevo en dificultades y son casi tan malas como cuando se inició el ajuste. Los ajustes presupuestarios italianos de los años noventa no se basaron en una reducción estructural del gasto público, por lo que el gasto corriente (excluidos los pagos de intereses) ha aumentado recientemente a casi dos puntos porcentuales del PIB. Este resultado es un ejemplo precisamente de la observación que hemos hecho antes: el ajuste presupuestario no duró porque el Gobierno fue incapaz de reducir el gasto estructuralmente.

Pasemos ahora a la cuestión de la viabilidad política. Si algunos tipos de ajuste presupuestario (los que se basan en una reducción estructural del gasto) pueden tener éxito y ser duraderos, ¿por qué le cuesta tanto hacerlos a un Gobierno tras otro?

En primer lugar, paradójicamente, la introducción del euro ha reducido las presiones a las que estaban sometidos los gobiernos para mantener en orden las cuentas públicas. Italia es, una vez más, un buen ejemplo. Antes de entrar en la unión monetaria, Italia tenía unos tipos de interés elevados, que subían con el empeoramiento de la política fiscal. La lira sufría presiones cada vez que los mercados financieros comenzaban a fluctuar a causa de la deuda italiana. Sin embargo, dentro de la unión monetaria el tipo de interés de un país fuertemente endeudado como Italia sólo es marginalmente más alto que el de los países virtuosos fiscalmente hablando, como Finlandia o Irlanda. Italia está menos presionada porque endeudarse es barato. Es incluso sorprendente la escasa diferencia que existe entre los tipos de interés de la deuda pública de los distintos países miembros de la Unión Europea. Hay dos explicaciones. En primer lugar, el BCE, cuando compra y vende bonos del Estado (realiza las llamadas operaciones de mercado abierto), no hace una distinción entre los bonos emitidos por los diferentes países de la UE: este procedimiento probablemente viene dictado por la política más que por la economía. En segundo lugar, es posible que a los inversores privados aún no les preocupen los excesivos déficits y deudas de Europa. Pero el problema es que puede ocurrir que estén tranquilos durante un tiempo y que, de repente, les entre el pánico y se deshagan de los bonos; eso produciría un efecto inmediato en los tipos de interés del país emisor. Así pues, hasta ahora los políticos se han sentido relativamente poco presionados por los mercados para mantener en orden las cuentas públicas, una situación realmente peligrosa.

Aun así, aunque los políticos no perciban los costes económicos de los déficits, son muy conscientes de los costes políticos que pueden tener los ajustes presupuestarios. Está muy extendida la creencia de que los gobiernos que adoptan una política fiscal restrictiva pierden las siguientes elecciones. Pero esta creencia no es nada más que una de tantas simplificaciones empíricas que no sobreviven a un detenido examen estadístico. En ninguno de los distintos estudios que existen sobre las consecuencias de la política fiscal se han encontrado pruebas convincentes de que una reducción de los déficits presupuestarios tenga costes electorales significativos. El obstáculo político más relevante está relacionado con la cuestión de los costes concentrados y los beneficios difusos. La reducción que experimenta el gasto cuando se bajan los impuestos o no se suben beneficia a los contribuyentes en general. Sin embargo, cuando los gobiernos europeos elaboran sus presupuestos, deben negociar más o menos formalmente con diversos tipos de organizaciones: sindicatos, grupos empresariales, agricultores, etc. El interés principal de cada organización es defender sus programas favoritos de gasto y los ««favores» que recibe del Estado: las pensiones en el caso de los sindicatos, los salarios en el de los empleados del sector público, las subvenciones en el de los agricultores y las asociaciones patronales, etc. El común de los contribuyentes nunca están representados en estas mesas de negociación. Por lo tanto, las organizaciones que tienen interés en oponerse a una reducción del gasto consiguen más representación política que los contribuyentes. El resultado es obvio: resulta difícil reducir el gasto.

Los debates entre un Gobierno y algunos grupos socioeconómicos pueden ser productivos, como suele suceder en los países escandinavos, en los que buscan el consenso y están coordinados con el marco de la política macroeconómica. Un resultado menos beneficioso es el resultado de la batalla entre miles de grupos interesados en defender y en expandir su parte del gasto. En ambos sistemas, se tiende a preferir la subida de los impuestos frente a la reducción del gasto, pero el segundo sistema es, por supuesto, mucho más pernicioso.

En la opinión pública europea sobre los debates relacionados con el gasto público también hay un componente ideológico. Los políticos y los votantes europeos, ya sean de derechas o de izquierdas, están convencidos de dos cosas: 1) incluso una reducción relativamente pequeña del gasto público llevará a Europa a un capitalismo salvaje de tipo estadounidense; 2) cualquier reducción del gasto público es recesiva.

Como señalamos en el capítulo 1, el primer principio está profundamente arraigado en la visión europea del papel del Estado. Tras varias décadas de programas de protección social cada vez más extensos, los europeos se han convencido de que el Estado es esencial para su bienestar. Tienden a subestimar la idea de que los mercados pueden suministrar algunos servicios más eficientemente que el Estado, desde la educación hasta algunos tipos de seguro. Pero esta opinión también es fruto de una estrategia política. Los poderosos sindicatos del sector público tienen un incentivo para hacer creer a todo el mundo que incluso la más mínima reducción del número de empleados públicos sumirá al país en el caos. Por ejemplo, a los sindicatos de la enseñanza les gusta que la opinión pública crea que no puede reducirse el número de enseñantes, a pesar del descenso de la tasa de natalidad de Europa; si se reduce, el sistema educativo se hundirá, eso es lo que dicen.

Por lo que se refiere al segundo punto, el predominio de un keynesianismo estricto y excesivamente dogmático (es decir, la defensa de los programas monetarios y fiscales públicos para aumentar el empleo y el gasto) ha llevado a sobreestimar los efectos de las medidas de demanda y a subestimar los efectos que producen las distorsiones de los impuestos en el lado de la oferta. Esta idea está profundamente arraigada en muchos economistas europeos, que creen que lo único que necesita Europa es un aumento de la demanda agregada y, en particular, una política monetaria y una política fiscal más expansivas.

Entremezclada con esta idea está la de que la solución de todos los problemas es un aumento del gasto público. Piénsese en las inversiones públicas en infraestructura. Son los *curalotodos* de políticos y analistas europeos, como si la falta de infraestructura fuera un problema en Europa. En la mayoría de los países europeos, los aeropuertos, las carreteras y el transporte público son como mínimo tan buenos o incluso mejores que en Estados Unidos. En el caso de la educación universitaria, como señalamos en el capítulo 5, lo que se necesita en Europa no es más dinero sino mejores incentivos, más competencia y más dinero privado. Pero lo único que se oye en Europa es que se destine más dinero público a las universidades públicas.

En suma, si los europeos quieren tomarse en serio la cuestión del saneamiento presupuestario, deben reducir unos cuantos puntos porcentuales el gasto en porcentaje del PIB. Deben reducir el empleo y los salarios públicos, así como los programas de protección social. Estos recortes pueden reducir los tipos impositivos marginales y producir, pues, efectos positivos en el lado de la oferta.

Como señalan frecuentemente muchos economistas, pero se olvida en los debates de política, un Estado grande no significa necesariamente un Estado eficiente. El Estado sueco de bienestar es capaz de reducir el porcentaje de hogares en peligro de caer en la pobreza del 29 (antes de las transferencias sociales) al 9 por ciento. En Italia, donde el Estado sólo es unos cuantos puntos porcentuales del PIB menor que en Suecia, el efecto de las transferencias sociales a los hogares en peligro de caer en la pobreza es casi insignificante: reducen su porcentaje del 22 al 19 por ciento (datos de Eurostat). Por lo tanto, un Estado grande no siempre significa un buen Estado, y los países pueden reducir el gasto público sin aumentar la desigualdad. Es fundamental que Europa recuerde este mensaje.

Tabla 13.1. Porcentaje de personas que corren el riesgo de caer en la pobreza, 2003

País	Antes de las transferencias sociales	Después de las transferencias sociales
Suecia	29	11
Finlandia	29	11
Países Bajos	22	12
Dinamarca	32	12
Alemania	24	16
Francia	26	12
Bélgica	29	16
Austria	24	13
Italia	22	19
España	22	19
Grecia	24	21
Irlanda	31	21
Reino Unido	26	18

Fuente: Eurostat.

14 UNA LLAMADA DE ATENCIÓN A LOS EUROPEOS

¿Es que no son los europeos en absoluto conscientes de los problemas y los retos que hemos esbozado en este libro? Por supuesto que lo son. La preocupación por la viabilidad del Estado de bienestar, por los efectos de la competencia procedente de Asia, por las presiones demográfica y migratoria de Europa oriental y del norte de África, por la fuga de cerebros que hace que Europa pierda a muchos de sus mejores estudiantes e investigadores en favor de Estados Unidos es general. El hecho de que se haya hecho poco con el paso del tiempo para afrontar estos problemas es alarmante y ese temor lleva a algunas personas a ahorrar más y a consumir menos, agravando los problemas de la economía europea.

Sin embargo, los políticos, en lugar de trabajar juntos para resolver estos problemas, tranquilizan a los votantes prometiendo «protección»: protección frente a las importaciones chinas, protección frente a la diversidad cultural que llega con la inmigración, protección frente a la tecnología superior de algunas empresas estadounidenses, protección de los puestos de trabajo universitarios, protección de los agricultores ricos, de los pequeños comerciantes, de los adinerados notarios, de los parados, de los pobres, de los ancianos.

La palabra «protección» puede tener una connotación positiva: protección del más débil, protección frente a la agresión, protección frente a la adversidad. Pero el tipo de protección al que estamos refiriéndonos es de naturaleza diferente. Es la protección de los de dentro, de los que tienen buenos contactos, a costa de aquellos a los que les beneficiaría que hubiera más competencia. Es la protección de unos cuantos frente a los intereses de muchos. A menudo los dos tipos de protección están estratégicamente mezclados y los de dentro utilizan esta confusión para proteger sus privilegios. Pensemos, por ejemplo, en las leyes de protección de los trabajadores. Como señalamos en el capítulo 4, la protección de los trabajadores se «vende» a la opinión pública como una forma de proteger al más débil, es decir, a los trabajadores frente a los intereses económicos de los directivos. Pero en la práctica es una forma de proteger a los trabajadores empleados y de mayor edad y negar empleo a los que entran por primera vez en el mercado de trabajo.

El epicentro del proteccionismo está en Francia. Lionel Jospin, antiguo primer ministro, lanza en su libro *The World as I See It* un ataque contra lo que llama «nueva casta» de financieros, industriales, altos funcionarios públicos y periodistas privilegiados, por fomentar la globalización a costa de los trabajadores normales y corrientes. Entretanto, la tasa de paro aumentó en Francia, pasando del 8,4 por ciento a comienzos de la década de 2000 al 9,5 el 2005. Durante ese mismo periodo, en Gran Bretaña ha descendido del 5,5 al 4,7 por ciento. El proteccionismo nos recuerda la Gran Depresión, que comenzó con la crisis bursátil de 1929 y provocó una oleada de proteccionismo que agravó la propia crisis y contribuyó a crear las condiciones económicas y políticas que degeneraron en la Segunda Guerra Mundial. Jospin está situado a la izquierda, pero cuando se trata de tranquilizar a los ciudadanos asegurándoles que todo está bien, que no es necesario cambiar nada, que todos los problemas se deben a la globalización y al inhumano modelo social «anglosajón» y que Francia puede hacerlo mejor, las diferencias entre la izquierda y la derecha se desvanecen. Al presidente Nicolas Sarkozy, el político francés más destacado de la derecha, le gusta hacer afirmaciones retóricas sobre la necesidad de llevar a cabo reformas. Pero cuando los privilegios de los agricultores franceses están en peligro, arremete contra todo intento de Bruselas de acordar una reducción de los aranceles con Estados Unidos. Si no es capaz de resistir la presión de los agricultores, que representan una diminuta proporción de todos los votantes, ¿cómo podemos confiar en su capacidad para hace frente a cualquier otro grupo de presión, que es el paso necesario para emprender serias reformas?

Pero el proteccionismo está en boga en todas partes, no sólo en Francia. Giulio Tremonti, antiguo ministro de economía de Italia, ha publicado un libro, *Rischi fatali*, en el que sostiene que todos los problemas de Italia pueden atribuirse al euro y a la entrada de China en la OMC, y que Italia necesita que se la proteja de ambos. Günter Verheugen, comisario alemán de industria en Bruselas, nunca cesa de defender la idea de que las normas antimonopolio «deben aplicarse con cautela» a los «campeones europeos». Italia está a la cabeza del mundo en la protección de los bancos nacionales ineficientes; la respuesta portuguesa al caos en el que se encuentra sumido el país es concentrar los esfuerzos en un proyecto de inversión en infraestructura bastante inútil. El proteccionismo económico no es más que la punta del iceberg. José María Aznar, ex presidente del Gobierno de España, piensa que los europeos deben redescubrir «sus raíces cristianas y sus valores culturales y dejar a un lado el enorme error del multiculturalismo, un experimento fallido», que relaciona con el aumento del terrorismo. No es de extrañar que la gente se preocupe y no pierda de vista sus ahorros.

No obstante, es injusto decir que todos los europeos piensan lo mismo sobre el proteccionismo. En el Reino Unido, Tony Blair y Gordon Brown, aunque son adversarios políticos, han sido acérrimos defensores de la apertura. Incluso dentro de Europa continental, no todas las voces son uniformemente proteccionistas. Se reconoce, especialmente en el entorno de la Comisión Europea, que el problema no es que haya poca protección sino que la hay en exceso. Como señalamos en el capítulo 6, la Comisión ha luchado denodadamente y con éxito por la política de competencia. La exposición más destacada de esta postura es el informe Sapir (julio de 2003), documento de la Comisión Europea escrito por un grupo de economistas europeos que ha sido objeto de una gran atención en Europa.

El informe identifica correctamente la mayoría de los problemas a los que se enfrenta Europa, pero sus propuestas sufren el síndrome europeo característico. En primer lugar, confunde los grandes problemas con los pequeños, en una larga lista de medidas que propone. Algunos son realmente importantes mientras que otros son de menor relevancia. De esta manera, ofrece a los políticos la opción de elegir lo que tiene menos costes en términos políticos y de posponer las decisiones realmente importantes. Por ejemplo, el informe examina la letra pequeña del Pacto de Estabilidad y Crecimiento, explicando detalladamente los cambios de las normas fiscales europeas. Como señalamos en el capítulo 6, es improbable que eso cambie nada. En segundo lugar, el informe sugiere que la solución de muchos problemas es aumentar el gasto público, por ejemplo, en investigación e infraestructura. Eso es falso. En el caso de la investigación y las universidades, que representan un importante capítulo del gasto en el informe Sapir, ya mostramos en el capítulo 5 que la dedicación de más dinero a las universidades europeas sin modificar las reglas del juego, únicamente servirá para aumentar las rentas de las que ya disfrutan muchos profesores europeos. La solución no es gastar más dinero público sino cobrar a las familias el coste de la educación y permitir que las universidades privadas compitan con las públicas. Por lo que se refiere a la educación primaria y secundaria, dista de ser obvio que Europa gaste muy poco dinero público en educación. Un centro público europeo medio de enseñanza secundaria probablemente ofrezca una mejor educación que el equivalente estadounidense. Además, dentro de Europa, los países que gastan más en educación no producen necesariamente una mejor educación. Pero el dinero no es el único problema. Los enseñantes normalmente están protegidos por poderosos sindicatos de funcionarios que imponen la seguridad en el empleo, lo cual reduce, evidentemente, los incentivos para trabajar mejor.

La obsesión por la infraestructura es el otro gran capítulo del gasto en el informe Sapir. ¿A qué se refiere cuando pide que se aumenten las infraestructuras? El mal económico de Europa no puede deberse a la falta de trenes de alta velocidad. Compárese el Acela, considerado un tren de alta velocidad, que tarda casi cuatro horas en recorrer los menos de 400 kilómetros que separan Boston de Nueva York, con el TGV francés. ¿Es el aeropuerto Kennedy de Nueva York más funcional que el de Fráncfort? Difícilmente. ¿Está la autopista 95 que recorre la costa este de Estados Unidos y conecta Boston, Nueva York, Filadelfia y Washington y llega hasta Florida mejor conservada que las autopistas alemanas? En absoluto.

Entonces, ¿qué necesita Europa urgentemente? Terminamos el libro con una breve lista de lo que creemos que deben ser sus prioridades. Ofrecemos seis propuestas que son suficientemente claras como para que los políticos puedan escabullirse seleccionando las que tienen menores costes políticos. El orden en el que las presentamos no debe interpretarse como una indicación de qué es lo que debe hacerse primero.

1. ***Liberalización de los mercados de productos y de servicios.*** Por lo que se refiere a los servicios financieros, a saber, los bancos, la responsabilidad de la supervisión debe transferirse a una autoridad europea, inspirada en la Financial Services Authority británica. La nueva institución debería ser independiente de la Comisión (para evitar el riesgo de que sufra presiones políticas), así como del BCE, con el fin de no involucrar al BCE en los problemas que plantean las posibles quiebras de los bancos. Para resolver los conflictos de intereses analizados en el capítulo 9, esta nueva institución debería considerar la posibilidad de obligar a separar los bancos y los fondos de inversión, como ha hecho Israel recientemente. Pero la liberalización no puede ni debe venir únicamente de Bruselas. Las normas urbanísticas, que son claramente una prerrogativa nacional, deben reconsiderarse con el fin de abrir el mercado de la distribución a las grandes empresas internacionales, como el modelo de Walgreen, Target y las farmacias CVS. Por ejemplo, deberían eliminarse las restricciones sobre la venta de algunos productos que sólo se permite a las farmacias autorizadas. Debería liberalizarse el acceso a las profesiones derogando las leyes mediante las cuales muchos estados europeos regulan los servicios profesionales. Debería impedirse que las empresas que suministran gas, servicios telefónicos y electricidad sean las propietarias de las redes a través de las cuales los suministran. Cuando las redes son propiedad de las empresas ya establecidas, es difícil entrar y estas empresas nunca se enfrentan a una verdadera competencia. Como los nodos críticos en una red son los que conectan un país con otro, la regulación de las redes debería transferirse a un órgano europeo, como en el caso de los

servicios financieros y por razones similares. Además, no puede haber verdadera competencia si las mayores empresas de servicios públicos son propiedad del Estado o de las administraciones locales o están bajo su control, como sigue ocurriendo en Francia, Italia y Alemania, entre otros. La privatización total de estos servicios públicos es otra prioridad.

2. ***Liberalización del mercado de trabajo.*** Los costes de despido deberían eliminarse o al menos reducirse en gran medida y el papel de las magistraturas del trabajo en los conflictos laborales debería limitarse al máximo. En lugar de impedir que las empresas despidan a los trabajadores que ya no necesitan, deberían pensarse subsidios de paro para ofrecer a los trabajadores un seguro en caso de quedar en paro. Estos subsidios deberían estar subordinados a la búsqueda real de trabajo e interrumpirse tan pronto como el parado rechazara un trabajo que pudiera realizar. Los subsidios de paro podrían financiarse, en parte, cobrando a las empresas un impuesto (moderado) sobre los despidos.

3. ***Inmigración.*** Las soluciones extremas de la apertura total y el cierre total son inviables. La solución económica racional es la inmigración selectiva, como en el caso de la propuesta del permiso europeo de residencia y trabajo que sugiere el informe Sapir. Los criterios que deben utilizarse para emitir esos permisos deberían sopesar las necesidades de los mercados de trabajo locales y los posibles costes sociales de la inmigración. Como hemos señalado antes, el riesgo es que los gobiernos queden sometidos a grupos de presión interiores y no abran lo suficiente las fronteras.

4. ***Investigación e I+D.*** Para mejorar el sistema, lo primero por lo que no hay que empezar es por gastar más dinero público. Las universidades deberían cobrar a los estudiantes el coste de su educación, apartando algún dinero para dar becas. Las ayudas públicas deberían consistir únicamente en becas que los estudiantes pudieran utilizar allí donde crean que pueden adquirir una mejor educación. Condicionar la devolución de esas ayudas a los resultados que obtenga el estudiante en el mercado de trabajo, como se ha hecho recientemente en el Reino Unido, es una idea que podría meditarse. Deberían suprimirse las normas opacas y centralizadas de contratación y cada universidad debería tener libertad para contratar a quien quisiera y pagarle lo que pensara que vale. Las universidades deberían buscar más activamente donaciones privadas. El dinero empleado para financiar las ayudas individuales a la investigación podría repartirse de la misma forma que reparte la National Science Foundation sus ayudas en Estados Unidos. El informe Sapir también lo pro-

pone, pero no resiste la tentación de pedir más dinero público. Los fondos podrían provenir, por el contrario, del dinero que se ahorraría cerrando los grandes centros nacionales de investigación y la Dirección General de Investigación de la Comisión Europea.

5. *Los sistemas judiciales y el coste de la actividad empresarial.* Las razones por las que el coste de abrir una empresa es alto varían de unos países a otros. Por lo tanto, deben buscarse soluciones en cada país. Es evidente que los italianos no pueden continuar teniendo que dedicar 63 días laborales a abrir una empresa cuando en Estados Unidos se emplean 4.

6. *Política fiscal.* Hay muchos aspectos fundamentales en esta materia. Uno es cómo controlar los déficits presupuestarios, problema especialmente acuciante para los países que tienen una elevada deuda. Deberían controlarse rápidamente de manera que el gasto represente solamente unos cuantos puntos porcentuales del PIB. El blanco de esta reducción debería ser el gasto en empleo público, pensiones públicas y algunos subsidios, aunque la combinación exacta podría variar de unos países a otros. No deberían subirse los impuestos para lograr el equilibrio presupuestario; por el contrario, las reducciones del gasto deberían ser suficientemente grandes para poder bajar los tipos impositivos marginales más altos. El Banco Central Europeo podría desempeñar a este respecto un papel importante. En lugar de repetir simplemente, un mes tras otro, que los gobiernos deben ser más responsables en el terreno presupuestario, podría empezar a discriminar en sus operaciones de mercado entre los bonos de los países sólidos desde el punto de vista presupuestario y los menos sólidos. Este simple cambio de las reglas de funcionamiento del BCE contribuiría más a conseguir la disciplina presupuestaria que una complicada reforma de la letra pequeña del Pacto de Estabilidad y Crecimiento. Reducir el gasto unos cuantos puntos porcentuales del PIB no significa que Europa deba abandonar su generoso Estado de bienestar: no es necesario que el tamaño del Estado tenga que representar la mitad del PIB para poder financiar un generoso sistema de protección social. En la mayoría de los países europeos, el coste de los sistemas de pensiones es cada vez mayor y las tendencias demográficas son adversas. Las reformas de las pensiones no pueden posponerse. El tipo de reformas variará mucho de unos países a otros.

Para detener su declive, Europa no necesita más programas públicos, más subvenciones a la investigación y el desarrollo, más dinero público en infraestructuras, más reglamentaciones y más iniciativas «en favor del crecimiento». Lo que Europa necesita es simplemente crear los incentivos oportunos para invertir, asumir riesgos, trabajar e investigar. El crecimiento le vendrá dado por añadidura. Los europeos podrán evitar su declive siempre y cuando no pidan «protección» frente a los retos del mercado, sino que asuman dichos retos.

Índice analítico

Otros títulos

El conocimiento y la riqueza de las naciones
David Warsh

El dominio de la información
Una guía estratégica para la
economía de la Red
Hal R. Varian y Carl Shapiro

La empresa moderna
John Roberts

De la quimera inmobiliaria al colapso financiero
José García Montalvo

Políticas para la competitividad
Una experiencia de gobierno
Antoni Gurguí i Ferrer y Antoni
Subirà i Claus

El corazón invisible
Un romance liberal
Russell Roberts

Negociar con ventaja
Estrategias de negociación para
gente razonable
G. Richard Shell

En preparación:

El arte de la estrategia
Avinash K. Dixit y Barry J. Nalebuff

Macroeconomía
Charles I. Jones

Economía del personal en la práctica
Edward P. Lazear y Michael Gibbs